La Guerra de Corea

Una Guía Fascinante de la Historia de la Guerra de Corea

© Copyright 2019

Todos los derechos reservados. Ninguna parte de este libro puede ser reproducida de ninguna forma sin el permiso escrito del autor. Los reseñantes pueden citar pasajes breves en los comentarios.

Cláusula de exención de responsabilidad: Ninguna parte de esta publicación puede reproducirse o transmitirse de ninguna forma ni por ningún medio, mecánico o electrónico, incluidas fotocopias o grabaciones, ni por ningún sistema de almacenamiento y recuperación de información, ni transmitirse por correo electrónico sin la autorización escrita del editor.

Si bien se han realizado todos los intentos para verificar la información provista en esta publicación, ni el autor ni el editor asumen ninguna responsabilidad por los errores, omisiones o interpretaciones contrarias del contenido aquí presente.

Este libro es solo para fines de entretenimiento. Las opiniones expresadas son solo del autor y no deben tomarse como instrucciones u órdenes de expertos. El lector es responsable de sus propias acciones.

El cumplimiento de todas las leyes y normativas aplicables, incluidas las leyes internacionales, federales, estatales y locales que rigen las licencias profesionales, las prácticas comerciales, la publicidad y todos los demás aspectos de realizar negocios en los EE. UU., Canadá, el Reino Unido o cualquier otra jurisdicción es de exclusiva responsabilidad del comprador o lector

Ni el autor ni el editor asumen ninguna responsabilidad u obligación alguna en nombre del comprador o lector de estos materiales. Cualquier desaire percibido de cualquier individuo u organización es puramente involuntario.

ÍNDICE

INTRODUCCIÓN 1

CAPÍTULO 1 - LA ASCENDENCIA JAPONESA: 1910-1945 3

CAPÍTULO 2 - UNA COREA DIVIDIDA: LA OCUPACIÓN ESTADOUNIDENSE DEL SUR 11

CAPÍTULO 3 - LA FORJA DEL ESTADO DE COREA DEL NORTE 22

CAPÍTULO 4 - PRIMERA SANGRE: EL ESTALLIDO DE LA GUERRA 27

CAPÍTULO 5 - GOLPEA FUERTE Y RÁPIDO: LA RETIRADA DE LOS ESTADOS UNIDOS 37

CAPÍTULO 6 - VICTORIAS AGRIDULCES: EL RENACIMIENTO ESTADOUNIDENSE Y LA DECISIÓN DE CHINA DE CRUZAR EL YALU 44

CAPÍTULO 7 - ¿CÓMO RESOLVER UN PROBLEMA COMO CHINA?.. 54

CAPÍTULO 8 - EL CESE AL FUEGO SANGRIENTO Y LA BOMBA QUE SE AVECINA 60

CAPÍTULO 9 - EL LEGADO DE LA GUERRA DE COREA 67

CONCLUSIÓN 73

FUENTES 76

Introducción

La narrativa de la Guerra de Corea en Occidente, y particularmente en los Estados Unidos, cuenta la historia de un conflicto entre dos superpotencias mundiales e ideologías contrapuestas en un rincón lejano del mundo.
La realidad es que las ruedas de movimiento que llevaron al país a la guerra en 1950 comenzaron a girar mucho antes de que las botas estadounidenses pisaran el suelo coreano. El corazón del conflicto fue una guerra civil entre una población dividida arbitrariamente por la colonización y la geopolítica global al final de la Segunda Guerra Mundial.
Desafiar la narrativa occidental ampliamente perpetuada y llegar al núcleo del conflicto coreano no es una tarea fácil. Desde los supuestos de que el estallido de la guerra fue un acto deliberado de agresión comunista, a la idea de que las constantes amenazas de Eisenhower y Truman de la aniquilación atómica rompieron el espíritu chino y norcoreano y llevaron a la firma del armisticio, todo debe ser diseccionado y revisado por su propio mérito fáctico para comprender completamente la naturaleza de la guerra.
Esta guía busca abrir este telón narrativo y echar un vistazo a la verdad del asunto, rastrear la historia de la guerra hasta la ocupación japonesa y descubrir la raíz del nacionalismo coreano que agitó a la nación en el frenesí de la guerra civil en 1950.

Se trata de una guerra a menudo olvidada, que lucha por conseguir su lugar en la historia entre los dos gigantes de la Segunda Guerra Mundial y la Guerra de Vietnam, que no fue menos significativa, no menos destructiva, y no tuvo menos impacto en la política global del siglo XX.

Capítulo 1 - La Ascendencia Japonesa: 1910-1945

La cadena de eventos que llevó a la península coreana al estallido de la guerra en 1950 se remonta a casi medio siglo antes, al comienzo de la ocupación japonesa del país. La nación coreana, con una cultura, idioma, etnicidad y herencia compartidas, se deterioró de una cohesión social armoniosa a una sangrienta guerra civil en solo 40 años. Las cicatrices del conflicto todavía están grabadas en el panorama político coreano de hoy. El norte tiene un gobierno comunista solitario, mientras que el sur ha florecido como una república democrática.

Para comprender el rápido deterioro y la última segregación de la península, debemos examinar las condiciones de la ocupación japonesa del país. Los coreanos bajo el dominio japonés eran una población sistemáticamente dividida y oprimida. Vieron su cultura reprimida y su fuerza de trabajo movilizada para alimentar las bocas japonesas y conducir la máquina de guerra japonesa. Pero el período también dio origen al movimiento de independencia coreano y comenzó a dar forma al nacionalismo coreano. Las ideas nacionalistas comenzarían a formarse, tanto dentro de Corea como a través del río Yalu en China, y dentro de la Unión Soviética por parte de los exiliados. Estas mismas ideas que fueron creadas bajo el gobierno japonés son las que dieron a la península la división política que aún podemos ver hoy.

El Tratado de Anexión Japón y Corea de 1910

Después de convertirse formalmente en un protectorado japonés en 1905 y traspasar el control de los asuntos administrativos a los japoneses en 1907, el residente general japonés Conde Terauchi Masatake elaboró el Tratado de Anexión entre Japón y Corea en 1910, para transferir formalmente el gobierno de Corea al emperador de Japón. Cuando se le presentó el tratado, el emperador Sunjong de Corea no tenía intención de firmarlo. Pero, ante la siniestra amenaza de la invasión japonesa que se avecinaba si no lo hacía, colocó a regañadientes su sello nacional del Imperio coreano en el tratado y, en lugar de firmarlo, presentó al primer ministro Lee Wan-yong el documento para firmar[i].

Sunjong enfrentó el dilema de firmar el documento y aceptar el gobierno japonés, o resistir y ser tomado por la fuerza, lo que indudablemente habría dejado muchas víctimas y llevado a una relación más sumisa bajo el gobierno japonés. El hecho de que el propio emperador no firmara realmente el documento, y las condiciones de coacción por las que se presentó el documento, ha llevado a muchos gobiernos posteriores tanto de Corea del Sur como de Corea del Norte a cuestionar la legalidad del tratado.

La vida bajo el dominio japonés

A pesar del sello del emperador, los coreanos fueron tratados como personas conquistadas. Los japoneses implementaron su versión de gobierno militar, conocida como budan seiji[ii]. Los militares y la policía extendieron su control en todos los aspectos de la vida coreana. A los coreanos no se les permitió publicar sus propios periódicos u organizar sus propios grupos políticos[iii], ni se les incluyó en altos niveles de administración gubernamental. La tierra coreana fue frecuentemente confiscada por los japoneses y redistribuida.

Económicamente, los japoneses implementaron un sistema de capitalismo proteccionista. Utilizaron mano de obra coreana para impulsar las industrias japonesas. Los coreanos se encontraron trabajando en empresas de propiedad japonesa. Las ganancias se enviaron de vuelta a Japón[iv] y solo un grupo muy pequeño y selecto de élites coreanas tuvo éxito bajo el gobierno japonés. En 1942, los empresarios coreanos poseían solo el 1,5% del capital total invertido en industrias coreanas y cobraban tasas de interés hasta un 25% más altas que sus contrapartes japonesas[v]. Estas condiciones hicieron imposible que la clase obrera coreana mejorara su suerte y erosionara la riqueza de la clase media ya establecida.

Los ocupantes japoneses querían garantizar la estabilidad y el control total en la península, lo que proporcionaría un área de amortiguamiento entre ellos y la agresión china[vi]. Su intención era utilizar la península coreana para expandirse hacia el noreste de China y tomar la región china de Manchuria.

Usaron Corea para ocupar una escasez de grano en Japón. El arroz y la soja fueron exportados desde Corea a Osaka, Yokohama y Yagasaki[vii]. A medida que más y más grano salía del país para alimentar a los ocupantes japoneses, había menos para la población coreana. Entre 1932 y 1936, el consumo de arroz per cápita en Corea era la mitad de lo que había sido de 1912 a 1916[viii].

El primer movimiento de marzo

Pero los coreanos, que habían estado acostumbrados al autogobierno dentro de la órbita china y estaban orgullosos de sus tradiciones culturales, eran una sociedad social cohesionada. Durante la primera década de la dominación japonesa se había formado un movimiento de resistencia y, el 1 de marzo de 1919, 33 activistas leyeron públicamente una Declaración de Independencia de Corea en Seúl y transmitieron sus quejas en la radio y en los periódicos.

Las protestas públicas se extendieron por todo el país ese día y las fuerzas japonesas respondieron con derramamiento de sangre y violencia. Las fuentes coreanas afirman que 7.509 personas murieron a manos de las fuerzas militares japonesas, mientras que los oficiales japoneses insisten en que la cifra es menor: 553 personas. Las protestas fueron reprimidas por los militares, pero la población coreana había hecho una declaración prominente.

La segunda fase de la ocupación japonesa

A raíz de las manifestaciones, la ocupación japonesa bajo el mando del almirante Saito Makoto entró en una nueva fase. A diferencia del gobierno militar rígido de su predecesor, Makoto marcó el comienzo de un período de gobierno cultural (bunka seiji)[ix]. Los estrictos controles sobre la cultura coreana se facilitaron, los coreanos pudieron publicar sus propios periódicos y se levantaron las leyes contra la expresión y la reunión pública.

Pero los cambios fueron de corta duración. En la década de 1930, los militares tomaron el control del gobierno japonés y se requirió que la colonia coreana desempeñara un papel más importante en la creación de un Imperio japonés. Los japoneses lanzaron su campaña en China en 1931, tomaron Manchuria y crearon el estado japonés de Manchukuo. Fue en este punto que los japoneses adoptaron una política de asimilación hacia la población coreana. La adoración en Shinto Shrines se volvió obligatoria[x] y las familias coreanas se vieron obligadas a tomar nombres de familia japoneses. Las escuelas coreanas tenían prohibido el uso del idioma coreano y toda la educación se impartía en japonés.

En 1937, Japón se embarcó en la segunda guerra chino-japonesa contra China. Todo el Imperio japonés se puso en pie de guerra, incluida la población coreana. La economía coreana fue modificada para apoyar el esfuerzo de guerra. Se introdujeron industrias pesadas, con la construcción de plantas químicas y eléctricas a gran escala[xi]. Los sistemas de transporte se modificaron para atender la distribución de recursos y tropas a Manchukuo, al norte de la península. Aunque las ganancias todavía se estaban canalizando hacia Japón, la guerra chino-japonesa fue un período de intenso desarrollo económico. Crearon industrias coreanas y alejaron al país del desarrollo meramente agrícola, lo que trajo muchos beneficios al país en los años posteriores a la ocupación.

Los japoneses continuaron sus esfuerzos para despojar a la población coreana de cualquier apariencia de identidad y cultura nacional e imponerse en la península. En 1940, el 84% de todas las familias coreanas habían adoptado nombres japoneses, solo se hablaba el japonés en las escuelas y en las esferas públicas, y habían cerrado todos los periódicos y publicaciones de los medios de comunicación de Corea después del estallido de la guerra[xii]. Pero, al hacerlo, los japoneses habían instigado un prominente movimiento nacionalista coreano.

El nacimiento del nacionalismo coreano

La ocupación japonesa de la península coreana creó las condiciones perfectas para que un movimiento de resistencia creciera. El yangban (clase terrateniente) y la clase media urbana, resintieron la ocupación japonesa y la falta de oportunidades que ofrecía. Mientras que unas pocas élites selectas se estaban volviendo ricas a través de la colaboración con los ocupantes japoneses, la mayoría se quedaron sin tierras y fueron reducidos a un estado de pobreza por el gobierno japonés[xiii].

Durante la primera fase de la ocupación, el movimiento nacionalista se centró en los estudiantes *yangban* de clase media. Organizaban regularmente protestas y participaban en actividades a favor de la independencia. El movimiento recibió el respaldo financiero de algunas élites políticas del país, como Kim Song-su, un rico empresario coreano que hizo su fortuna en la industria textil. Pero estos empresarios tenían que tener cuidado. Tenían negocios con el régimen japonés y cualquier apoyo a los movimientos de independencia era arriesgado y debía ser discreto[xiv].

En el período temprano de la ocupación, los movimientos nacionalistas entre las clases rurales más pobres se manifestaron como pequeños brotes de insurrecciones. Llamándose a sí mismos El Ejército Justo, sus rebeliones fueron desorganizadas y fueron fácilmente sofocadas por los militares japoneses durante los años 1910 y 1920. Para las clases rurales, estas pequeñas revueltas fueron impulsadas más por la ira sobre la pobreza y la desigualdad que por la ideología nacionalista real.

Muchos intelectuales y nacionalistas coreanos vivían en el exilio en la Rusia soviética y China, después de huir de Corea durante su anexión. Después de la Revolución de octubre de 1917 y la perpetuación de las ideas comunistas en toda Asia, creció el apetito por formar un movimiento comunista a favor de la independencia en Corea. En 1918, en Irkutsk, Rusia soviética, los coreanos que vivían en el exilio formaron el Primer Partido Comunista Coreano[xv]. Aunque se consideraba parte del Partido Comunista de Rusia, se organizó como la Sección Coreana.

En Shanghai, el centro del movimiento de la clase obrera china, los coreanos que vivían en el exilio formaron un gobierno provisional de Corea. También abrazaron el socialismo como una solución a los problemas de Corea. El gobierno provincial declaró una coalición gobernante con el recién formado Partido Comunista Koryo[xvi], dirigido por Yi Tong-hwi, un ex oficial del ejército coreano. Yi Tong-hwi y sus homólogos en Rusia usaron sus vínculos y conexiones para difundir su agenda socialista dentro de la península de Corea.

Su esfuerzo fue recompensado en 1925 cuando se formó el Partido Comunista de Corea, en suelo coreano[xvii]. Sin embargo, mantener un partido comunista nacional en Corea era un negocio arriesgado. Su carismático líder, Pak Hon-yong, estuvo en la facción de Shanghai en 1921 y regresó a Corea para formar el Partido Comunista de Corea, de solo 25 años. Fue encarcelado por primera vez por los militares japoneses en 1925, poco después de la formación del partido, y pasó cuatro años en prisión. En 1933, fue arrestado de nuevo. Esta vez, los japoneses lo torturaron sistemáticamente y lo mantuvieron aislado durante los siguientes seis años, hasta el punto de que creyeron que estaba loco e incapaz de liderar un movimiento cuando lo liberaron en 1939. Pero él salió y reformó el partido, finalmente huyendo al sur de Cholla para evitar un nuevo arresto[xviii].

El gobierno provisional en Shanghai también estaba ocupado haciendo preparativos para volver a entrar a Corea. Kim Ku, una figura prominente en el Gobierno Provisional, organizó asesinatos de alto perfil de altos funcionarios japoneses. También se reunió con el líder chino Chiang Kai-shek en 1933 para obtener ayuda financiera para la causa nacionalista. Ku prometió que a cambio del apoyo financiero del gobierno chino, el gobierno provisional en el exilio generaría levantamientos contra los japoneses en Japón, Corea y Manchuria (Manchukuo) dentro de los próximos dos años[xix]. Si bien Chiang Kai-shek se negó a brindar el apoyo financiero deseado, él comenzó un plan por el cual las fuerzas chinas entrenarían a cadetes militares para el Gobierno Provisional de Corea[xx]. Sin embargo, el plan fue abandonado un año más tarde, después de una fuerte protesta de Japón.

En la última parte de la ocupación, cuando los japoneses se embarcaron en su agresiva política de asimilación, el movimiento nacionalista coreano se vio obligado a exiliarse una vez más. Se volvió demasiado peligroso el permanecer en Corea y continuar las operaciones, y los líderes sobrevivientes de los movimientos describieron un momento de vigilancia policial constante y discriminación laboral dondequiera que se dirigían[xxi]. Muchos cruzaron la frontera hacia China y se unieron al gobierno provisional en Shanghai. Algunos huyeron a través del río Yalu hacia el recién creado estado de Manchukuo en Japón y se embarcaron en operaciones guerrilleras para socavar la ocupación japonesa allí. Su objetivo era formar un ejército popular en Manchukuo que, con el apoyo de Mao Zedong y los otros comunistas chinos, regresara a Corea y derrocara al gobierno japonés.

El período bajo el dominio japonés muestra una población con una fuerte conciencia nacionalista, pero las medidas represivas en vigor impidieron que un solo líder nacionalista se pusiera a la vanguardia de un movimiento coreano. Hubo varios movimientos que operaban desde el extranjero, y dentro del país, el movimiento estudiantil, los exiliados en la Rusia soviética, los exiliados en China, el Ejército de los Justos, el movimiento campesino y las operaciones de la guerrilla en Manchuria, pero no había una bandera única para unificar y reunir a una población. Como resultado, la efectividad del movimiento fue severamente limitada bajo la ocupación japonesa.

Segunda Guerra Mundial

Cuando comenzó la Segunda Guerra Mundial en el Pacífico en 1941, la población coreana fue puesta nuevamente en pie de guerra para apoyar el esfuerzo japonés. Medio millón de coreanos fueron obligados a servir en el ejército japonés. No recibieron igual trato que los soldados japoneses. Los japoneses colocaron a sus soldados coreanos en situaciones de mayor riesgo porque los consideraron más prescindibles que sus homólogos japoneses[xxii].

Si la guerra fue dura para la población masculina coreana, fue una completa tortura para la población femenina. Unas 200.000[xxiii] mujeres coreanas fueron forzadas a burdeles militares. Conocidas como "mujeres de consuelo", estas mujeres fueron sometidas a palizas, torturas y violaciones, y se las mantuvo en condiciones no mejores que la mayoría de los mataderos[xxiv]. Muchas de las mujeres nunca regresaron a sus hogares después de la guerra. Muchas murieron durante su terrible experiencia, otras murieron más tarde debido al trauma físico y psicológico que sufrieron, pero también algunas se negaron a volver a casa debido al intenso sentimiento de vergüenza. Hoy en día, el gobierno japonés todavía se niega a reconocer que estas "mujeres de consuelo" existían, a pesar de los numerosos reportes de las sobrevivientes[xxv].

El legado japonés

El 15 de agosto de 1945, la guerra terminó. Japón se rindió a las fuerzas aliadas y su ocupación de 35 años en la península de Corea llegó a su fin. Los japoneses dejaron una población coreana dividida sin casi clase media. Algunas familias coreanas que habían colaborado con los japoneses habían acumulado una gran cantidad de riqueza durante el período de desarrollo económico, pero la mayoría de la población coreana se quedó empobrecida y sin tierra. La desigualdad flagrante entre quienes habían colaborado con los japoneses y quienes no lo habían hecho, dejó a una población sumamente sensible a las injusticias creadas por el capitalismo japonés. A raíz de la Segunda Guerra Mundial, esperaban un gobierno independiente que pudiera abordar los problemas de desigualdad y pobreza.

Capítulo 2 - Una Corea Dividida: La Ocupación Estadounidense del Sur

Durante la Segunda Guerra Mundial, hubo una incertidumbre generalizada sobre cómo sería una península de Corea de la posguerra. El tema se trató por primera vez en detalle el 23 de noviembre de 1943 en El Cairo en una reunión entre Franklin D. Roosevelt y Chiang Kai-shek[xxvi]. Los chinos esperaban que después de la guerra, todos los territorios chinos confiscados por Japón serían devueltos a China, todas las islas en el Pacífico bajo ocupación japonesa serían eliminadas del control japonés y que Corea obtendría su independencia[xxvii]. Chiang Kai-shek quería ver al gobierno provisional coreano regresar a Corea desde Shanghai y gobernar el país de forma independiente. Tanto Roosevelt como Chiang acordaron una Corea independiente, pero a Roosevelt le preocupaba que cualquier intento de instalar al Gobierno Provisional como órgano rector en Corea se considerara un intento de excluir a los soviéticos y los comunistas coreanos en el exilio en la Unión Soviética. Roosevelt creía que se crearía una lucha de poder en la región entre los chinos y los soviéticos, lo que solo conduciría a una mayor inestabilidad.

Aunque ambas partes acordaron que se debería establecer una Corea independiente, ninguna de las dos sabía cómo llevarla a cabo. La naturaleza de los movimientos de independencia coreanos que operaban en el exilio en otros países suponían que dependían inherentemente de gobiernos extranjeros[xxviii]. El gobierno provisional en China se basó en la financiación del gobierno del Kuomintang (KMT) de Chiang Kai-shek y, de manera similar, el movimiento en Irkutsk se basó en la capacitación y el apoyo soviéticos. Una vez que estos movimientos volvieran a entrar en Corea, tendrían que demostrar su capacidad para representar a la población coreana en la península para unificar el apoyo y formar un gobierno estable. No había ninguna garantía de que cualquiera de las partes tuviera la popularidad necesaria para lograr estos objetivos.

Roosevelt tampoco estaba seguro de la capacidad de los coreanos para gobernarse a sí mismos después de décadas bajo el dominio japonés. William R. Langdon, un oficial de la oficina extranjera de los Estados Unidos que pasó un tiempo en Manchuria y Japón antes de la Segunda Guerra Mundial, preparó un memorando para la administración Roosevelt en 1942[xxix]. En este, él argumentó que, debido a la extensión de la ocupación japonesa, Corea no estaba en posición de administrar efectivamente su propio gobierno. Recomendó que Corea estuviese guiada por una potencia mayor antes de que pudiera dejarse funcionar independientemente. El memorándum mencionó la posibilidad de una comisión internacional que podría ayudar a los coreanos hasta que tuvieran la capacidad de administrar su propio estado de manera independiente.

Roosevelt tuvo una visión de posguerra de un mundo regulado por los poderes de los "Cuatro Grandes": Estados Unidos, la Unión Soviética, China y Gran Bretaña. Fue esta vena de pensamiento lo que le llevó a adoptar la idea de un Consejo Regional del Pacífico Norte que administraría a Corea después de la guerra. El consejo estaría formado por los Estados Unidos, China y la Unión

Soviética[xxx]. Creía que esto resolvería el problema de que China o la Unión Soviética recibieran un trato preferencial en la península después de la guerra.

Sin embargo, una cosa preocupaba a Roosevelt. No podía garantizar que la Unión Soviética no entraría a la guerra en el Pacífico. Temía que las tropas soviéticas entraran en Manchuria para combatir a los ejércitos japoneses en la sección norte de la península coreana y lograran una posición dominante para ocupar toda la península coreana después de la guerra[xxxi].

Entonces, en septiembre de 1944, Roosevelt comenzó a tomar medidas para llevar a buen término su visión del Consejo Regional del Pacífico. El Consejo Supremo de Defensa Nacional en Washington comenzó a trabajar estrechamente con el gobierno chino de KMT. Yang Yun-chu, director del Departamento de Asuntos de Asia Oriental en el gobierno de Chiang Kai-shek, fue enviado a Washington[xxxii] para elaborar planes de una administración interina para un gobierno coreano antes de que se le pudiese otorgar la independencia. Sin embargo, a pesar de realizar once reuniones en enero y febrero de 1945, se lograron pocos avances en la aclaración de cómo un administrador fiduciario internacional gestionaría la administración. Ambas partes tenían diferentes ideas sobre los roles de la administración fiduciaria y la cantidad de tiempo que el gobierno interino tendría que estar en el poder. Los chinos tenían la impresión de que a Corea se le podría otorgar la independencia dentro de cinco años, mientras que los estadounidenses tenían en mente un período de ocupación aliado mucho más largo de alrededor de 25 a 30 años[xxxiii].

Cuando Roosevelt, Stalin y Churchill se reunieron en Yalta en febrero de 1945, Roosevelt tuvo la oportunidad de llevar a Stalin a bordo con su visión de la administración fiduciaria de la península de Corea. Recibió un acuerdo oral[xxxiv] de Stalin de que Estados Unidos, China, la URSS y tal vez Gran Bretaña tendrían una mano en la administración de Corea una vez que terminara la guerra, pero nuevamente se habló poco de la implementación de tal plan, o sobre cómo funcionaría en la práctica.

El fin de la guerra y la división de Corea

El hecho de que el gobierno de Roosevelt no lograra avanzar en cualquier implementación práctica o negociación para el gobierno de Corea significó que, cuando murió dos meses más tarde, los Estados Unidos volvió a estar bajo la administración Truman. Una semana después de asumir el cargo, Truman había abandonado la idea de Roosevelt de una administración conjunta y comenzó a buscar una solución alternativa.

A medida que la agenda rusa se había vuelto más expansionista en Europa y las tropas del Ejército Rojo se estaban reuniendo en la frontera china y coreana, él vio la bomba atómica como una posible solución al problema[xxxv]. Creía que, si podía garantizar la rápida rendición de Japón lanzando una bomba atómica a una ciudad clave, la Unión Soviética no tendría necesidad de entrar a la guerra en el Pacífico e invadir Manchuria y Corea. Si los soviéticos no tuvieran tropas en la península coreana cuando los japoneses se rindieran, no tendrían excusa para ocupar ninguna parte de la península.

El 6 de agosto de 1945, Estados Unidos lanzó la primera bomba atómica en Hiroshima, pero Japón no se rindió. Dos días después, la Unión Soviética declaró la guerra a Japón, mucho antes de lo que predijeron los planificadores de los Estados Unidos. El Ejército Rojo se trasladó a Corea del Norte para derrotar al Ejército Kwangtung japonés que defendía el norte de la península[xxxvi]. Cuando los japoneses solicitaron términos para la rendición el 10 de agosto, un día después de que Estados Unidos lanzara la segunda bomba en Nagasaki, 250.000 soldados soviéticos acompañados por 35.000 soviéticos-coreanos[xxxvii] habían ocupado varias ciudades prominentes en el norte de Corea.

Los militares japoneses habían dividido Corea en el norte, que fue defendida por el Ejército Kwangtung, y el sur, que fue defendida por el Ejército Chosun. Con el ejército de Kwangtung derrotado y los soviéticos en control del norte de la península, Washington estaba tratando desesperadamente de impedir la anexión completa de Corea por parte de la Unión Soviética. Las tropas estadounidenses más cercanas estaban a 600 millas de distancia en Okinawa[xxxviii]. Así que, a última hora de la tarde del 10 de agosto, la División de Operaciones del Departamento de Guerra en Washington recibió 30 minutos para elaborar un plan. El general de brigada George Lincoln había estimado que los soviéticos podrían alcanzar el paralelo 38° antes de que las fuerzas de los Estados Unidos pudieran aterrizar en el sur y tomar Seúl. Basado en esta lógica, esta fue la línea de demarcación propuesta a los soviéticos esa noche. El plan se telegramó a Stalin y, para sorpresa del Estado Mayor Conjunto, lo aceptó el 16 de agosto[xxxix].

Las fuerzas soviéticas probablemente podrían haber empujado más hacia el sur antes de que los militares de los Estados Unidos pudieran haber aterrizado y asegurado Seúl, su decisión de aceptar la propuesta de los Estados Unidos fue sorprendente. Se cree que Stalin aceptó la oferta de demarcación en el paralelo 38° para mantener una buena relación de trabajo con los aliados en las negociaciones de posguerra[xl]. Su objetivo principal era asegurar la anexión de Europa del Este y creía que, al conceder el sur de la península coreana a los estadounidenses, estaría en una mejor posición en la mesa de negociaciones para el teatro europeo y la decisión sobre qué hacer con el resto de los territorios japoneses incautados. Stalin también era muy consciente de las tendencias izquierdistas de los movimientos de independencia coreanos y confiaba en que Corea seguiría siendo pro-soviética en la era de la posguerra.

El 7 de septiembre, el general Douglas MacArthur, comandante supremo aliado del Pacífico sudoccidental, formalizó el acuerdo cuando declaró públicamente a la población coreana que el territorio al sur de los 38 grados de latitud norte estaba ahora bajo su autoridad militar[xli].

La división de Corea se había completado. Sin la consulta o consideración de las voluntades o deseos de quienes habitaban la península, la administración Truman había tomado decisiones apresuradas, con poca previsión o comprensión de las condiciones dentro del país. La partición se estableció inicialmente para proporcionar una solución a corto plazo a los problemas que surgieron en la confusión de la rendición japonesa, sin embargo, en la actualidad, la península sigue dividida a lo largo de la misma línea de demarcación. Con más previsión, planificación y un plan paso a paso de la implementación práctica de los objetivos a largo plazo, los EE. UU. bajo Truman podrían haber evitado las trampas a corto plazo que llevaron a las profundas divisiones grabadas hoy en el país.

Estableciendo la ocupación estadounidense

Si la política de los Estados Unidos fue confusa e incoherente sobre la partición de la península, la política sobre la gestión cotidiana del país no fue más que caótica.

Cuando llegaron las fuerzas estadounidenses, se sorprendieron por la magnitud del apoyo de la izquierda radical en el sur del país[xlii]. Rápidamente se dieron cuenta de que la mayoría de las regiones del país tenían un movimiento izquierdista activo y no eran demasiado receptivos hacia sus ocupantes estadounidenses. La población coreana esperaba la instalación de un gobierno independiente después de la ocupación japonesa. La idea de otra ocupación militar no les atrajo.

El general Hodge fue nombrado gobernador militar de Corea del Sur por el general MacArthur e inmediatamente estableció un Consejo Asesor de Corea en octubre de 1945. Esto serviría como un gobierno interino hasta que Corea del Sur pudiera asumir la responsabilidad de su propio gobierno como país independiente. Hodge quería traer a alguien en quien pudiera confiar para dirigir el Consejo Consultivo de Corea. Necesitaba un coreano que no simpatizara con el comunismo, que tuviese vínculos estrechos con los políticos de los Estados Unidos y pudiese ser fiable para implementar sus políticas en el sur de la península.

Syngman Rhee fue el hombre elegido para el trabajo. Era ferozmente anticomunista y, durante los 33 años que había estado viviendo en los Estados Unidos antes del final de la guerra, había establecido fuertes conexiones dentro del gobierno de los Estados Unidos. Rhee fue trasladado inicialmente a Tokio en septiembre, donde se reunió con MacArthur y luego fue enviado a Seúl a mediados de octubre[xliii]. Casi tan pronto como Rhee aterrizó en Corea, fue nombrado presidente del Comité Central de Promoción de la Independencia, Representante de la Legislatura demócrata representativa del pueblo coreano y presidente de la Sede para la Unificación.

A diferencia de Roosevelt, Truman adoptó abiertamente una política de contención hacia el comunismo. En diciembre de 1945, los ministros de Relaciones Exteriores de los Estados Unidos, Gran Bretaña y la Unión Soviética se reunieron en Moscú en la conferencia de Moscú para discutir el futuro de la península coreana. Cuando no se pudieron acordar los detalles de un gobierno independiente, Truman abandonó la idea y adoptó una política de no cooperación con la Unión Soviética que selló el destino dividido de Corea.

En 1946, instaló una legislatura interina y un gobierno interino, liderados por Kim Kyu-shik y Syngman Rhee. Las dos instituciones gobernaron bajo la atenta mirada del Gobierno Militar de los Estados Unidos. Los EE. UU. optaron por ignorar las reclamaciones de legitimidad del gobierno provisional que operaba en China debido a su alineación comunista. Pero la Asamblea Legislativa Provisional de Corea del Sur encontró una intensa oposición en todo el país.

El gobierno instalado bajo Rhee y Kim no logró apelar a los movimientos de izquierda o derecha de Corea. Los movimientos de izquierda ignoraron la legitimidad del gobierno interino y consideraron al Gobierno provisional en el exilio como la única autoridad administrativa. Los grupos conservadores también se opusieron a la Asamblea Legislativa Provisional. El Partido Demócrata de Corea, que contaba con el apoyo de muchos de los dueños de negocios de Corea y seguía siendo clases de terratenientes, no tenía ninguno de sus líderes seleccionados para formar parte de la Asamblea Legislativa. Kim no dominó la popularidad de los conservadores en el país y su nombramiento de los 45 miembros de la Asamblea Legislativa estuvo compuesto principalmente por moderados como él, que no apelaron a los grupos conservadores[xliv].

El gobierno interino, bajo la guía del general Hodge, comenzó un intento de limpiar la ideología izquierdista de Corea del Sur. El Partido Comunista de Corea cambió su nombre al Partido Comunista de Corea del Sur y continuó operando dentro de la región. En noviembre de 1946, el influyente grupo comunista se fusionó con el Nuevo Partido Popular de Corea del Sur para crear el Partido de los Trabajadores de Corea del Sur. El partido tuvo un seguimiento significativo, la membresía activa fue de alrededor de 360.000[xlv].

El Gobierno Militar de los Estados Unidos inmediatamente declaró ilegal al partido y lanzó una ola de represión de izquierda. El Partido de los Trabajadores de Corea del Sur trasladó sus operaciones a la clandestinidad y se convirtió en clandestino por naturaleza. Comenzaron a lanzar una lucha de guerrillas contra el gobierno militar estadounidense. Aunque la persecución generalizada provocó que gran parte de los dirigentes del partido huyeran al norte de la península ocupada por los soviéticos, todavía gozaban de popularidad en muchas regiones del sur durante el período del gobierno militar estadounidense.

Un período de agitación

El Ejército de los Estados Unidos no solo tuvo que lidiar con una población de izquierda. La división arbitraria de la península a lo largo del paralelo 38° había provocado el caos económico. Las industrias pesadas y las plantas que habían transformado la economía coreana bajo los japoneses, ahora se encontraban predominantemente en el norte, bajo el control soviético[xlvi]. Según un Memorando de Inteligencia de la CIA de 1972, cuando los

Estados Unidos tomaron Corea del Sur en 1945, solo el 35%[xlvii] de la industria pesada de la península se estableció en el Sur.

Las pocas industrias ubicadas en el sur, dependían de la electricidad generada por las centrales hidroeléctricas en el río Yalu, en el extremo norte de la península, que también estaba bajo control soviético. La electricidad generada en el sur solo pudo producir un 9%[xlviii] de las necesidades de electricidad de Corea del Sur.

El sur no solo estaba plagado de escasez de electricidad, sino que los técnicos y trabajadores japoneses que habían coordinado el funcionamiento diario de las fábricas y minas antes y durante la guerra, habían regresado a Japón[xlix]. El resultado fue una economía surcoreana sin suficientes trabajadores y técnicos calificados para operar sus pocas fábricas y minas restantes.

Al final de la guerra, la población de Corea del Sur aumentó a medida que muchos coreanos regresaban de sus períodos de exilio bajo los japoneses. Entre 1945 y 1946, la población se disparó en un 21%[l]. 1.8 millones de coreanos también ingresaron al sur desde el norte ocupado por los soviéticos entre 1945 y 1950. Esta afluencia de refugiados y exiliados que regresaban causó un gran desempleo. En 1947, solo la mitad de la fuerza laboral de Corea del Sur estaba empleada[li].

Al quedarse sin opciones e incapaz de manejar efectivamente la confusión en la que Corea del Sur había descendido, los Estados Unidos presentaron el tema coreano a la ONU. En septiembre de 1947, la Asamblea General de la ONU confirmó la solicitud de independencia de Corea y comenzó a hacer los preparativos hacia una elección para seleccionar una asamblea legislativa nacional independiente. La Unión Soviética se negó a conceder el Norte y quedó claro que las elecciones de 1948 serían para que un gobierno independiente gobernara solo el Sur.

Cuando se hizo evidente para el público que estas elecciones consolidarían la división de la península de Corea, una serie de protestas estallaron en Seúl y otras ciudades importantes. El Partido de los Trabajadores de Corea del Sur organizó una huelga general en protesta por la separación de febrero a marzo de 1948 y en abril estalló una rebelión abierta en la isla de Cheju[lii]. El 3 de abril, un grupo de rebeldes atacó estaciones de policía y edificios gubernamentales en la isla. Mataron a aproximadamente 50 policías en una muestra de descontento y desafío [liii]. La reacción fue brutal. Impulsado por el Gobierno Militar de los Estados Unidos, la administración de Rhee se embarcó en una campaña de tierra arrasada en Cheju, que dejó 60.000 civiles muertos y la destrucción generalizada de las aldeas de las islas[liv]. Muchos de los detalles de la retribución de Rhee contra los rebeldes se desconocían en ese momento. Fue una Ley de Libertad de Información, presentada muchos años después, lo que llevó a que la información sobre el aplastamiento del levantamiento cobrara vida.

En el período previo a las elecciones, otras revueltas estallaron en Corea del Sur. Para pacificar a los manifestantes de izquierda, el gobierno de los Estados Unidos aprobó un proyecto de ley que ofrecía una versión de la reforma agraria y la redistribución. Sin embargo, cuando la reforma finalmente se llevó a cabo en 1949, los beneficios se limitaron en gran medida a los leales al régimen de Rhee y la mayoría de los trabajadores agrícolas sin tierra no quedaron en mejores condiciones.

Las elecciones se llevaron a cabo en mayo de 1948, con una elección de seguimiento en julio de 1948. El Partido de los Trabajadores de Corea del Sur boicoteó las elecciones para evitar dar legitimidad al proceso. Syngman Rhee llegó a la victoria en las elecciones falsas con el 92,3% de los votos populares y el 15 de agosto de 1948, se declaró formalmente el establecimiento de la República de Corea para las regiones al sur del paralelo 38°. Para el 29 de junio de 1949, todos los militares de los Estados Unidos habían sido retirados, excepto unos pocos asesores[lv].

La ocupación estadounidense entre 1945 y 1948 fue un período de agitación y confusión para el país. La falta de comprensión de los Estados Unidos de la península llevó a una división arbitraria a lo largo del paralelo 38° y causó la incapacidad de Corea del Sur para administrar una economía autosuficiente. No hubo una estrategia a largo plazo sobre qué hacer con Corea o cómo lo defenderían los Estados Unidos. El general Hodge recibió instrucciones para preservar la estabilidad, pero había sido despojado de casi todos los recursos para hacerlo por la demarcación acordada del paralelo 38°.

La decisión de Truman de adoptar una postura de no cooperación con la Unión Soviética creó una gran incertidumbre sobre el futuro de la península e hizo imposible lograr una Corea unida e independiente al final de la ocupación. En 1947, cuando el gobierno de Chiang Kai-shek se tambaleaba en China, y el dominio soviético en el norte, Corea del Sur parecía convertirse en la única región del noreste de Asia sin influencia comunista. La situación era precaria y muchos estadounidenses en Washington estaban cuestionando su capacidad para defender a Corea del Sur.

Capítulo 3 - La forja del estado de Corea del Norte

La narrativa que se ha perpetrado en la literatura y propaganda norcoreanas que rodean el nacimiento de la nación y el surgimiento de Kim Il-sung describe a un nuevo proletariado que asume el liderazgo bajo un movimiento de liberación nacional liderado por el mismo Kim Il-sung. Esta representa a Kim como un líder justo de un movimiento revolucionario marxista-leninista, luchando codo con codo con las fuerzas soviéticas en Corea del Norte para derrocar a los brutales ocupantes japoneses[lvi].

En realidad, los ataques guerrilleros de Kim Il-sung contra los japoneses en Manchuria fueron poco más que una molestia menor a finales de los años treinta y cuarenta[lvii]. No era un líder prominente del movimiento comunista antes de regresar a Corea del Norte durante la invasión soviética de 1945, y el pueblo coreano tampoco le brindó su apoyo tan pronto como regresó a la península. Tuvo que trabajar para obtener el liderazgo y es poco probable que lo hubiera logrado sin un apoyo soviético significativo.

El Surgimiento de Kim Il-sung

Después de la liberación de Corea del Norte en agosto de 1945, había cuatro grupos políticos compitiendo por el poder bajo la nueva ocupación soviética. Existía el grupo comunista nacional establecido que había permanecido en Corea durante la guerra, los comunistas que habían regresado del exilio en China que formaban la facción de Yenan, los comunistas que habían regresado de la Rusia soviética (incluyendo Kim Il-sung) y los nacionalistas no comunistas[lviii]. Inicialmente, a pesar del entrenamiento militar de la facción Yenan de las fuerzas de Chiang Kai-shek y los rusos coreanos que tenían experiencia militar en el ejército soviético[lix], fue el último grupo de no comunistas quienes disfrutaron de la mayor parte del poder.

Cuando los japoneses huyeron de Corea del Norte en 1945, el gobernador de Pyongan Nando, la provincia en la que se encuentra la capital de Pyongyang, transfirió su poder a los nacionalistas. Cho Man-sik, un maestro cristiano no comunista, fue nombrado gobernador[lx] de la provincia. Una vez que los soviéticos tomaron el control, nombraron a Cho como el jefe del Comité Político Provisional, que gobernaba toda el área ocupada por los soviéticos.

Cho confió en su base de poder cristiana para su apoyo. Hubo intensas actividades misioneras cristianas en Corea a finales del siglo XIX que llevaron al crecimiento de un número significativo de cristianos en la región. Bajo la ocupación japonesa, habían sido perseguidos por su renuencia a adorar en los santuarios sintoístas. Como resultado, la comunidad cristiana en Corea del Norte en 1945 estaba fuertemente politizada y tenía el potencial de convertirse en una fuerza política importante en el norte de la península[lxi]. En noviembre de 1945, los líderes cristianos se unieron para formar el Partido Demócrata de Corea (KDP, por sus siglas en inglés), *Choson Minjudang*, y establecieron un gobierno sobre el norte ocupado por los soviéticos.

Casi tan pronto como la Unión Soviética estableció un Comité Político Provisional, comenzaron a implementar reformas económicas soviéticas. Las industrias quedaron bajo control estatal y las reformas agrarias confiscaron propiedad privada a los propietarios de tierras que se habían beneficiado bajo el gobierno japonés.

Sin embargo, este fue un tema polémico para el Comité Político Provisional de Cho. Estaba firmemente en contra de los programas de reforma agraria soviéticos y sus planes de compra de granos y, por lo tanto, se enfrentó a las autoridades soviéticas. Sin apoyar las reformas implementadas por los soviéticos, Cho no logró mantenerse en el poder por mucho tiempo. Finalmente fue arrestado por el comando soviético en 1946[lxii] por su incumplimiento.

Casi tan pronto como Cho fue arrestado, sintiendo que las mareas estaban cambiando, los cristianos comenzaron a huir del norte y entrar al sur. Entre 1945 y 1951, entre 1 y 1,4 millones de personas[lxiii] huyeron de Corea del Norte, muchos de ellos cristianos, debido a la persecución de los soviéticos y otros líderes comunistas. En abril de 1946, el KDP se había mudado a Seúl[lxiv]. Sin embargo, incluso después de la detención y eliminación de Cho, los soviéticos mantuvieron la estructura del KDP para mantener la ilusión de una democracia. Reemplazaron a Cho con un líder comunista llamado Ch'oe Yong-gon.

Mientras tanto, las facciones comunistas competidoras estaban consolidando sus bases de poder. La facción de Yenan centró su atención en generar apoyo entre los trabajadores de oficina educados con resultados considerables. Muchos burócratas que habían trabajado bajo los japoneses se unieron a la Liga de la Independencia de la facción de Yenan. Esto permitió a la ideología comunista apelar a nuevos grupos demográficos. Muchos coreanos que habían permanecido en Corea durante la ocupación japonesa y la guerra, creían que el comunismo era para las clases pobres y para los que no tenían educación. Los exiliados que regresaban de China persuadieron a la pequeña burguesía más adinerada y educada de que el comunismo también podría ser para ellos[lxv].

Kim Il-sung, por otro lado, apeló a las clases rurales más pobres. Su estilo carismático de visitar fábricas y granjas para ofrecer "orientación sobre el terreno" le permitió construir una fuerte base de poder entre los trabajadores[lxvi]. Su hijo y nieto, Kim Jong-il y Kim Jong-un, seguirían utilizando los mismos métodos para generar apoyo entre las clases trabajadoras, y ambos fueron fotografiados con frecuencia por los medios de comunicación estatales de Corea del Norte en el lugar, inspeccionando una fábrica o proyecto de construcción y sonriendo con los trabajadores.

A lo largo de la década de 1940, la membresía en el partido comunista se disparó hasta entre el 12% y el 14% de la población[lxvii]. Ofrecía privilegios y oportunidades a los trabajadores rurales pobres a través de la participación política que antes había estado fuera de su alcance.

Kim Il-Sung había estado trabajando arduamente para asegurar que sus seguidores de los coreanos soviéticos y los que habían estado en la Unión Soviética durante sus años de exilio estuvieran establecidos en todos los niveles del gobierno local y regional[lxviii]. Kim también fue ayudado por la política soviética. Los soviéticos querían frenar la influencia china en Corea del Norte, por lo que llenaron muchas de las posiciones de los medios con coreanos soviéticos[lxix]. Con el apoyo de Kim tanto de los medios de comunicación como de la población más pobre y el apoyo de la facción Yenan entre la clase educada urbana, los dos grupos comunistas se vieron obligados a trabajar juntos de forma visible para compartir su apoyo popular[lxx].

En febrero de 1946, los dos grupos compartirían posiciones de liderazgo en el recién formado Comité Popular Provisional de Corea del Norte. Kim-Il Sung fue nombrado presidente, mientras que Kim Tu-bong de la facción Yenan se convirtió en vicepresidente. Una vez que los dos partidos habían establecido con éxito una coalición de gobierno, acordaron que la existencia de dos partidos comunistas estaba dañando al país. Las dos facciones acordaron fusionarse y, en julio de 1946, el recién formado Partido de los Trabajadores de Corea del Norte (NKWP) celebró su primera conferencia[lxxi].

Como el sur tenía elecciones para establecer un gobierno independiente, el norte eligió una Asamblea Popular Suprema en agosto de 1948 que gobernaría el país. Se elaboró una nueva constitución el 3 de septiembre y el 9 de septiembre, Kim asumió el cargo de Premier de la recién formada República Popular Democrática de Corea (RPDC). La Unión Soviética declaró al gobierno de Kim como el único gobierno legal en la península poco después y en diciembre, la Asamblea General de las Naciones Unidas respondió declarando a la República de Corea en el sur como el único gobierno legal de Corea.

Reunirse bajo una sola parte permitió que el NKWP atrajera a todos los segmentos de la sociedad norcoreana. El partido unificó el apoyo y sacó su mensaje. El símbolo definitivo del éxito de su estrategia y su mayor popularidad se produjo en junio de 1949. El Partido de los Trabajadores de Corea del Norte se unió al Partido de los Trabajadores de Corea del Sur[lxxii] para establecer el Partido de los Trabajadores de Corea. Esto significó el éxito de Kim en ganarse a toda la población, cuatro años después de ingresar a Corea. Para 1949, se había convertido en un faro para el movimiento comunista coreano, tanto en el norte como en aquellos que estaban siendo reprimidos, perseguidos y asesinados en el sur durante las protestas y rebeliones. Con la ayuda de Rusia, se había establecido como el líder de los norcoreanos.

Capítulo 4 - Primera sangre: El estallido de la guerra

Con la posición de Kim como líder de la República Democrática de Corea (RPDC) finalmente asegurada y los EE. UU. fuera de Corea del Sur, él centraría su atención en su próximo objetivo: la reunificación de toda la península.

El comunismo estaba cobrando impulso en todo el continente asiático. La ideología comunista se extendía por China a medida que la revolución de Mao Zedong se extendía por todo el continente, impulsada por el apoyo soviético y la retirada del gobierno nacionalista de Chiang-Kai Shek. Alentado por el establecimiento de la RPDC, el movimiento de insurgencia también estuvo presente en Corea del Sur tras las rebeliones en la preparación para la elección.

Kim envió un telegrama a Stalin el 3 de septiembre de 1949. Kim sabía que necesitaría un amplio apoyo externo para emprender cualquier maniobra militar con el objetivo de unificar la península. En el infame telegrama, se dirigió a Stalin para pedir "permiso para comenzar operaciones militares contra el Sur"[lxxiii]. La respuesta del primer ministro soviético fue clara en su respuesta: "es imposible[lxxiv]".

Pero dentro de un año de la petición de Kim Il-sung, las fuerzas norcoreanas cruzarían el paralelo 38° y comenzarían una campaña militar contra las fuerzas militares surcoreanas. Las conversaciones y reuniones entre Stalin, Kim Il-sung y Mao Zedong ofrecieron una idea del giro en U en la decisión de Stalin y los eventos que llevaron a la movilización de las tropas de la RPDC contra el sur.

Mao, Stalin, Kim Il-sung y el Movimiento hacia la Guerra

La primera vez que la visión de Kim para la reunificación de la península de Corea se discutió abiertamente fue durante una reunión entre Stalin y Kim en marzo de 1949[lxxv]. Durante la reunión, Stalin se comprometió a proporcionar ayuda económica a la recién formada RPDC de Kim, junto con las finanzas para mejoras ferroviarias y ayuda para su Ejército Popular de Corea (KPA, por sus siglas en inglés) en forma de entrenamiento de aviación para sus fuerzas[lxxvi]. Stalin también tuvo cuidado de descartar explícitamente cualquier apoyo a la meta de Kim de reunificarse [lxxvii].

Esto no disuadió a Kim Il-sung. Inmediatamente comenzó a fortalecer el KPA buscando reclutar a coreanos que vivían en la región de Manchuria en el noreste de China para expandir el tamaño de su ejército. También envió al Jefe de Asuntos Políticos del ejército, Kim Il, a China para hablar con Mao Zedong sobre la posibilidad de recibir ayuda militar china. Los chinos estaban más que felices de complacer. Vieron a un fuerte aliado comunista a lo largo de la frontera noreste como una buena manera de fortalecer su posición en la región. También lo vieron como una oportunidad para reducir la influencia soviética. Si pudieran forjar fuertes lazos con Corea del Norte, Mao creía que China podría convertirse en el nuevo poder político comunista en la región. En este pensamiento, Mao prometió a la KPA dos divisiones de soldados chino-coreanos en el momento posicionados en Manchuria y se comprometió a devolver a los oficiales coreanos que estaban entrenando actualmente en el

Ejército Rojo en junio[lxxviii]. De manera crucial, Mao también le dio a Kim la seguridad que estaba buscando: "si estalla una guerra entre Corea del Norte y Corea del Sur, también estamos listos para dar eso que está en nuestro poder"[lxxix].

Con el estímulo de la respuesta de Mao, Kim envió a Stalin ese telegrama de súplica en septiembre, pero después de que Stalin se negara rotundamente a apoyar una invasión del sur, Kim comenzó a inquietarse. Quería golpear mientras el hierro estaba caliente y aún contaba con el apoyo del movimiento de insurgencia en el sur.

En octubre, las fuerzas de Chiang-Kai Shek colapsaron y huyeron de China continental a la isla de Taiwán, indicando una posible victoria para Mao y los comunistas chinos en China continental. Mao declaró formalmente el nacimiento de la República Popular China (PRC) el 1 de octubre. Aunque la Guerra Civil no había terminado y Mao quería llevar a Taiwán a completar su revolución, cambió la situación en el teatro asiático. Como la posición de Mao parecía más segura y su victoria más garantizada, los objetivos de Stalin y Mao se separaron.

Mao se mantuvo decidido a tomar Taiwán, pero Stalin estaba vehementemente en contra de él. Creía que un movimiento contra la isla provocaría una intervención militar estadounidense que podría conducir a una guerra total entre China, los Estados Unidos y la Unión Soviética. Más importante aún para Corea, le preocupaba que una vez que Mao tomara Taiwán, los Estados Unidos no tuvieran más remedio que reconocer internacionalmente a la República Popular China. Temía que esto abriera la posibilidad de relaciones diplomáticas chino-americanas[lxxx] y que las dos naciones cooperaran para frenar la influencia global de la Unión Soviética.

Sus temores fueron justificados. Los estadounidenses diseñaron su estrategia diplomática "política de división" que buscaba brindar apoyo a Chiang Kai-shek y al KMT en Taiwán, pero al mismo tiempo buscan una relación diplomática con el Partido Comunista Chino (CCP) de Mao.

Kim esperaba sacar provecho de este período de incertidumbre al aprovechar la oportunidad para apelar una vez más a Stalin para que le permitiera iniciar operaciones militares contra el sur. En enero de 1950, Kim le pidió a Stalin otra reunión para discutir la reunificación. Insinuó al embajador soviético en Corea del Norte, Terentii Shtykov, que Mao ya había prometido apoyo y que Kim buscaría a Mao para que le proporcionara lo que le hiciera falta si Stalin se negaba[lxxxi]. Este fue el estímulo que Stalin necesitaba. No quería que se produjera una invasión sin su aprobación y quería evitar cualquier semblanza a una relación mutua entre Kim y Mao que erosionaría la influencia regional de la Unión Soviética. Stalin aceptó la solicitud de Kim para reunirse y lo invitó a Moscú para discutir el asunto más a fondo[lxxxii].

Antes de la reunión, Kim le pidió a Stalin que proporcionara los créditos de ayuda de Corea del Norte para 1951 con un año de anticipación para permitirle adquirir armas, municiones y equipo militar para el KPA. Stalin aceptó y permitió a Kim compensar los costos siempre que pudiera proporcionar oro, plata y monacita para el programa nuclear soviético, lo cual Kim aceptó[lxxxiii].

A finales de marzo, Kim viajó a Moscú en una operación encubierta para mantener la reunión en secreto de Mao y los chinos. Permaneció en Moscú hasta mediados de mayo[lxxxiv], donde los dos hicieron planes para el golpe de la RPDC en el sur. Sus planes se basaron en un ataque rápido para atrapar al sur sin preparación, junto con la movilización militar de comunistas surcoreanos leales a Kim y guerrilleros norcoreanos que ya se encontraban en el sur de la península.

Stalin tuvo la precaución de agregar una condición a su aceptación del comienzo de las actividades militares de Kim contra el sur. Quería que Kim hablara con Mao primero y obtuviera su apoyo. Stalin aceptó el plan de Kim, pero estaba nervioso de que los militares de Estados Unidos acudieran en ayuda de las fuerzas de Corea del Sur. Le dijo a Kim Il-sung que si Estados Unidos se unía a la guerra, la Unión Soviética no podría luchar abiertamente contra ellos[lxxxv]. Quería que Kim obtuviera las seguridades de Mao de que China proporcionaría apoyo en caso de que el ejército de los Estados Unidos entrara en el conflicto en apoyo de la República de Corea.

Stalin había maniobrado hábilmente el deseo de Kim de unificar la península para trabajar a favor de los objetivos políticos de la Unión Soviética. Creía que si pudiera conseguir que las fuerzas chinas lucharan contra los estadounidenses, habría logrado garantizar el aislamiento de China de las potencias occidentales[lxxxvi]. Dejar la China de Mao aislada diplomáticamente era la única forma en que Stalin podía garantizar la subordinación china a la estrategia política soviética[lxxxvii]. También evitaría que Mao dedicara todas sus fuerzas militares a la campaña para tomar Taiwán y completar su revolución. Si la guerra fuera un éxito, expandiría las zonas de amortiguamiento para la Unión Soviética de Stalin y sería un grave golpe a la influencia estadounidense. Astutamente, Stalin estaba orquestando una guerra abierta contra los Estados Unidos sin arriesgar a un solo soldado soviético.

Siguiendo la insistencia de Stalin de que Kim obtuviese el compromiso con Mao, Kim partió en secreto a Beijing el 13 de mayo para reunirse con Mao y el Primer Ministro, Zhou Enlai, y se sentó en la primera reunión con la pareja más tarde esa noche. Kim les dijo que Stalin había prometido su apoyo y había avivado con éxito el temor de Mao de que Stalin quería apoyar la reunificación de Corea del Norte antes de la campaña para tomar Taiwán. Hay pruebas de que Zhou Enlai lo aclaró con el embajador soviético de Pekín y, una vez que el propio Stalin verificó[lxxxviii] que le había dado su aprobación al plan de Kim, Mao rápidamente aprobó la solicitud de ayuda y asistencia de Kim.

Mao probablemente aceptó por miedo a molestar a Stalin. Mao quería desesperadamente el apoyo soviético aéreo para su planeado ataque a Taiwán y no quería arriesgarse a alienar al líder de la Unión Soviética[lxxxix]. Mao creía que negarle a Kim el apoyo que quería, y que Stalin le había pedido, pondría en peligro la capacidad futura de Mao para negociar el apoyo para su ofensiva de Taiwán.

La secuencia de reuniones, telegramas y conversaciones entre los tres jefes de estado muestran que la decisión de ir a la guerra surgió de la insistencia de Kim más que de las ideas de Stalin sobre los planes de expansión soviética. Stalin estuvo inicialmente en contra de la idea, pero una vez que exploró formas de hacer que el conflicto funcionara a favor de los objetivos de la política exterior soviética, manipuló a Mao y la situación para que le resultara ventajosa. Puede que hubiera sido inicialmente idea de Kim, pero el momento en que se produjo el conflicto aseguró que Stalin pudiera sacar el máximo provecho del conflicto.

Evitó que China estableciera relaciones diplomáticas con los Estados Unidos e impidió una unión militar chino-norcoreana que excluía a la Unión Soviética. También llevó a los Estados Unidos a una guerra contra un gobierno comunista, sin el riesgo de vidas soviéticas en la línea del frente. Había orquestado magistralmente el sueño de Kim para cumplir su visión.

¿Quién desató la guerra?

Una vez que Kim prometió a Mao que los militares chinos ofrecerían apoyo al KPA en su plan para reunificar la península, se hicieron preparativos para una invasión del Sur. Si bien Kim tenía la intención de ir a la guerra, la visión del mundo occidental de un KPA agresivo atacando el paralelo 38° contra un desprevenido y poco preparado ejército surcoreano no consideraba con precisión todas las fuerzas en juego en el conflicto.

Antes del estallido de la guerra el 2 de junio de 1950, hubo muchas posturas desde ambos lados del paralelo 38°. En 1950, la popularidad de Rhee comenzó a disminuir y el gobierno de la República de Corea parecía más inestable que nunca. El ejército de los Estados Unidos insistió en que Rhee celebrara otra elección general en mayo. El partido de Rhee sufrió grandes pérdidas, reteniendo solo 22 escaños de los 210[xc] y el control sobre la Asamblea General del condado fue entregado a una mezcla de grupos independientes que competían por el poder.

Kim tomó esto como una oportunidad para reunir apoyo en el sur para una sola Corea unida. El 7 de junio, Kim y otros líderes de la RPDC hicieron un llamamiento a la población de Corea del Sur para que apoyara la reunificación de toda la península a través de una libre elección nacional. Recomendó que las conversaciones entre los dos gobiernos tuviesen lugar en Haeju, una ciudad en Corea del Norte cerca del paralelo 38° o Kaesung, una ciudad en Corea del Sur también cerca del paralelo 38°[xci]. Kim pidió deliberadamente que Syngman Rhee fuese excluido de las elecciones, con la esperanza de jugar con su impopularidad para obtener apoyo entre la población del sur.

Esto hizo que la situación fuera más sensible; la comisión de la ONU y los observadores militares de los Estados Unidos se desplegaron para monitorear el paralelo 38°. Cuatro días después, el 11 de junio, tres delegados fueron arrestados por cruzar la frontera hacia Corea del Sur para solicitar una reunificación[xcii]. La situación se consideró tan precaria que John Foster Dulles, un consultor especial del Departamento de Estado de los Estados Unidos, viajó a la República de Corea para inspeccionar la situación.

El 19 de junio, Foster Dulles se dirigió a la Asamblea Nacional, prometiendo más apoyo estadounidense a Corea del Sur y aumentando aún más las tensiones en toda la península.

A finales de ese mes, el 25 de junio, estas tensiones llegaron a un punto crítico cuando el Embajador de los Estados Unidos en la República de Corea, el Sr. Muccio, informó que las fuerzas de la RPDC habían cruzado el paralelo 38°[xciii]. Un informe de observadores militares de EE. UU. detallaba cómo se organizó la defensa de las fuerzas surcoreanas y cómo la invasión de la RPDC sorprendió al ejército[xciv]. El teniente coronel Malonoy, jefe de personal interino del Grupo Asesor Militar de los EE. UU., informó que, al caer la noche del 25 de junio, todo el territorio del sur al oeste del río Imjin se había perdido para las fuerzas de la RPDC a una profundidad de tres millas[xcv], con la excepción de la región en la provincia de Haeju.

La RPDC, sin duda, cruzó el paralelo 25° y ocupó las ciudades de Onjin y Kaesung el 25 de junio. Sin embargo, la afirmación de Corea del Sur y Estados Unidos de que no estaban preparados para la guerra y defender el ataque de Corea del Norte no explica el éxito del contraataque de Corea del Sur en la ciudad norcoreana de Haeju. En una declaración publicada que no recibió tanta atención como los informes que destacan la agresión de Corea del Norte, el ejército de Corea del Sur describe un exitoso contraataque en la ciudad de Haeju en la mañana del 25 de junio[xcvi].

Haeju tenía una población de alrededor de 82.000[xcvii] personas y fue el primer cruce ferroviario sobre el paralelo 38° que tenía una línea directa a Pyongyang. La ciudad habría tenido un interés estratégico significativo para el ejército surcoreano. Su conectividad a Pyongyang, a solo 65 millas de distancia, lo convertiría en el lugar ideal desde donde lanzar una invasión de la capital de Corea del Norte. Los informes que rodean el brote del conflicto muestran que alrededor de las 4:00 a.m. del 25 de junio, las fuerzas norcoreanas atacaron la península de Onjin. Un ataque por tierra con cuatro divisiones, 70.000 hombres y 70 tanques siguieron aproximadamente media hora después[xcviii]. Evidentemente, el asalto había sido planeado durante bastante tiempo, ya que las ubicaciones clave a lo largo del paralelo 38° fueron alcanzadas. Entre las 9:00 y las 9:30 a.m., Kaesung, la ciudad más importante tomada por el KPA, cayó en manos del comunista. Sin embargo, una transmisión oficial desde Seúl describe el contraataque surcoreano que ingresa a Haeju a las 9:00 a.m. Esto significaría que el contraataque tuvo lugar antes de que ciudades importantes en Corea del Sur cayeran en manos del KPA.

Dada la cronología, es poco probable que las fuerzas surcoreanas estuvieran tan poco preparadas como se mostraban. El general MacArthur más tarde presentaría una declaración a las audiencias del Comité Conjunto del Senado que describen el nivel de preparación de las fuerzas de Corea del Sur para el estallido de la guerra. Su declaración muestra que las fuerzas de Corea del Sur estaban concentradas en una base entre Seúl y el paralelo 38°. Esto también indicaría que las fuerzas no estaban posicionadas para defender el paralelo 38° como fue sugerido por los EE. UU., pero se estaban preparando para una invasión propia, probablemente en Haeju[xcix].

La guerra también se ajustó a los objetivos de Syngman Rhee. En 1950, la República de Corea se estaba convirtiendo en un estado policial estrechamente controlado bajo Syngman Rhee[c]. Cuanto más se desvanecía su popularidad, más estrictamente quería controlar a la población. Los opositores políticos estaban siendo encarcelados y la inflación estaba aumentando. Estaba utilizando la amenaza de un inminente ataque norcoreano como excusa para aplazar las elecciones de mayo por seis meses, una medida que preocupaba profundamente al Secretario de Estado de los Estados Unidos, Dean Acheson. La elección solo tuvo lugar después de que Acheson amenazara con revisar el paquete de ayuda que Corea del Sur estaba recibiendo si no se celebraban las elecciones[ci].

Rhee tampoco ocultó el hecho de que quería invadir el norte para lograr la reunificación. A lo largo de 1950, pronunció varios discursos provocativos que insinuaban el uso de la fuerza militar contra Corea del Norte, el más significativo de los cuales se produjo el 1 de marzo cuando se refirió al gobierno de Kim como "títeres extranjeros"[cii]. En este sentido, es completamente plausible que Rhee diera la orden de una invasión surcoreana, o al menos, deseaba provocar a Kim al ataque y así poder usar el asalto como una excusa para ocupar Haeju.

Independientemente de quién ocupó la primera ciudad, el 27 de junio, los Estados Unidos hicieron un llamamiento al Consejo de Seguridad de la ONU para que diera su aprobación para intervenir en la guerra contra la agresión norcoreana bajo la bandera de las Naciones Unidas. Debido a que la República Popular de China aún no había sido reconocida por la ONU, y la Unión Soviética estaba boicoteando al Consejo de Seguridad en protesta por la decisión, la Resolución de la ONU se aprobó sin el aporte o veto de la Unión

Soviética y la República Popular China. El Consejo aprobó la Resolución 83, que determinó que la agresión mostrada por Corea del Norte era una violación de la paz en la península y les ordenó cesar las hostilidades o se desplegaría una fuerza militar para restablecer la paz.

Al recibir la bendición de la ONU, Truman ordenó a la Fuerza Aérea de los Estados Unidos que brindara asistencia a las fuerzas de Corea del Sur. Al igual que Stalin, Truman también pudo manipular la situación para servir a sus intereses. El 27 de junio, también movió a la Séptima Flota para contener a Taiwán y evitar que el PRC completara su revolución[ciii]. Truman quería una excusa para proporcionar abiertamente asistencia militar al gobierno del KMT de Chiang Kai-shek en el exilio y esta manifestación de agresión comunista había sido el disfraz perfecto.

Sin lugar a dudas, la guerra ocurrió el 25 de junio porque el ejército norcoreano cruzó el paralelo 38°, pero, dada la conveniencia de la guerra para todas las partes involucradas, podría haber ocurrido fácilmente a partir de una invasión de Haeju en las próximas semanas por parte de las fuerzas surcoreanas. La guerra benefició los objetivos de Stalin, los objetivos de Kim, los objetivos de Rhee y, en última instancia, Truman también aprovechó la oportunidad para ganar influencia sobre Taiwán y prometer apoyo militar para el KPA. Ningún jugador involucrado estaba en posición de defender la paz, asegurando que la precaria cortina de paz a lo largo del paralelo 38° se derrumbara y hundiera a la península en una guerra abierta.

Capítulo 5 - Golpea fuerte y rápido: la retirada de los Estados Unidos

La decisión de Truman de intervenir militarmente en la península de Corea representa un cambio notable en la estrategia de los Estados Unidos. Las fuerzas estadounidenses se retiraron de la península y, a pesar de prometer ayuda y apoyo, no tenían tropas desplegadas en la República de Corea antes de que Truman tomara la decisión de destinar fuerzas terrestres de los Estados Unidos.

El ejército de la República de Corea en retirada

En los días posteriores a la invasión de Corea del Norte, la situación en la República de Corea pasó de ser mala a absolutamente caótica. En los cinco días que transcurrieron entre el cruce del paralelo 38° y la llegada del ejército de los Estados Unidos para apoyar al gobierno de Corea del Sur, Syngman Rhee huyó de Seúl en su tren especial y trasladó toda la sede de la República del Ejército de Corea (ROKA, por sus siglas en inglés) al sur de la ciudad. Al hacerlo, sembró el pánico entre la población civil en Seúl y dejó a las tropas que luchaban al norte de Seúl sin ninguna comunicación a sus superiores y al resto de la ROKA. Como era de esperar, las fuerzas que defendían la capital surcoreana comenzaron a rendirse y retirarse, y en poco tiempo el KPA había tomado la mayor parte de la capital y la línea del frente se había movido por debajo de Seúl. Rhee detendría su tren en Taejon para prometer a las tropas que se quedaría y lucharía hasta la muerte, antes de subirse de nuevo a su tren y dirigirse a Mokpo, luego a Pusan, dentro del perímetro seguro de Pusan. Con un líder interesado solo en salvarse a sí mismo, no era de extrañar que el Ejército de la República de Corea tuviese poco interés en arriesgar sus vidas en la batalla. Las fuerzas ROKA se rindieron en grandes cantidades, a menudo huyendo del campo de batalla sin sus armas y suministros.

Después de que los EE. UU. tuvieran la autorización de la ONU para restablecer la paz en la península con fuerza militar, Truman y MacArthur necesitaban tomar una decisión sobre qué capacidad involucrarían en la defensa de Corea del Sur. Querían preservar el gobierno en Corea del Sur, pero desconfiaban de la intervención militar soviética en la península. Muchos en la administración de Truman estaban en contra del uso de fuerzas terrestres porque creían que instigaría a la Unión Soviética a desplegar tropas en Corea, enredando así a las dos superpotencias en una guerra abierta. El Consejo de Seguridad Nacional se reunió el 28 de junio y discutió la posibilidad de una intervención militar soviética en la península. Llegaron a la conclusión de que, si las tropas soviéticas entraban en el conflicto para ayudar a las fuerzas norcoreanas, "las fuerzas de los Estados Unidos deberían defenderse, no deberían tomar medidas para agravar la situación y deberían informar a Washington sobre la situación[civ]".

Más tarde, ese mismo día, John H. Church, jefe del equipo de la inspección en Corea del Sur, dijo al general MacArthur la única forma en que Corea del Sur podría evitar el colapso del gobierno y la anexión comunista total sería con la intervención estadounidense[cv]. Esto provocó aún más preocupación por parte de la administración Truman. Pero en la tarde del 29 de junio, el gobierno estadounidense obtuvo la tranquilidad que buscaban. Washington recibió noticias de Moscú de que la Unión Soviética no tenía intención de cometer fuerzas terrestres para ayudar al KPA[cvi].

Este fue un punto de inflexión para Truman, quien se sintió seguro de que podía enviar tropas a Corea sin preocuparse por la escalada militar de la Unión Soviética. Acheson también se calmó y comenzó a presionar por el compromiso de las fuerzas terrestres estadounidenses para defender la independencia de Corea del Sur[cvii]. Truman seguía siendo cauteloso y no quería asignar más fuerzas de las que necesitaba. Sospechaba, con razón, que los rusos esperaban que los chinos lucharan por ellos[cviii] y que tampoco quisieran provocar que China entrara en la guerra.

La noche del 29 de junio, Truman estaba listo para dar sus instrucciones. Ordenó el despliegue de fuerzas aéreas y navales para asegurar el área Fusan-Chinhae, que se conocería como el perímetro de Pusan, en la esquina sureste de la península. Desplegó la fuerza aérea para bombardear objetivos, incluidos los que se encontraban al norte del paralelo 38°, proporcionando a la fuerza aérea el objetivo de evitar objetivos al norte, en las regiones fronterizas para evitar provocar la intervención china o soviética[cix].

Al día siguiente, MacArthur informó desde Corea con sus recomendaciones. Quería un equipo de combate de regimiento, junto con dos divisiones de tropas para llevar a cabo los objetivos de Truman de asegurar a Corea del Sur y restaurar el paralelo 38° como la línea de demarcación natural. Truman estaba decepcionado. Esperaba que las fuerzas terrestres no fueran necesarias; sin embargo, aceptó las recomendaciones de MacArthur e hizo arreglos el 30 de junio para el despliegue de tropas estadounidenses en Corea del Sur.

La decisión de Truman para la intervención estadounidense

La decisión de Truman de enviar tropas terrestres a Corea daría forma a la política exterior estadounidense durante el período de la

Guerra Fría. Esta representaba una nueva postura hacia la Unión Soviética.

En 1949, la Unión Soviética desarrolló la bomba atómica. Para Truman y las administraciones subsiguientes, se hizo aún más imperativo evitar un conflicto directo con la Unión Soviética por temor a que se convirtiera en un conflicto nuclear.

Tras los conflictos en Grecia y Turquía, donde la financiación estadounidense había intentado evitar la propagación del comunismo, Truman estaba decidido a que el comunismo no pudiera engullir a Corea y alimentar los incendios expansionistas soviéticos. Él creía que la invasión de las fuerzas de Kim Il-Sung era una manifestación de los ideales expansionistas soviéticos[cx] y la mejor manera de prevenir una guerra futura con la Unión Soviética, sería luchar abiertamente contra el comunismo con las tropas terrestres en el teatro asiático, con la esperanza de que una derrota comunista allí causaría que Stalin tambaleara en sus ideas expansionistas. Por lo tanto, Truman quería brindar apoyo a las fuerzas coloniales francesas en Vietnam y asegurar a Taiwán para evitar una mayor propagación del comunismo. Esta persistente insistencia de que el comunismo no debería extenderse en Asia llevaría al despliegue de tropas terrestres primero en Corea y años más tarde en Vietnam.

La situación política en el país también había cambiado. Joseph McCarthy, el senador obstinado de Wisconsin, había comenzado su campaña de erradicación de simpatizantes comunistas. Después del juicio de Algar Hiss, un alto funcionario del gobierno, por las acusaciones de ser un espía soviético en 1948[cxi], Truman sintió que tenía que demostrar su fuerza contra el comunismo ante el electorado en su país. Si permitiera que Corea del Sur, un estado ocupado por los Estados Unidos solo dos años antes, cayera en manos del comunismo, tendría que enfrentar preguntas difíciles de parte de la banda de simpatizantes de McCarthy y la población de los Estados Unidos en general.

Truman dibujó sus líneas rojas y tomó la decisión, en lo que sería una de las decisiones definitorias para dar forma a la geopolítica del siglo XXI y vincular a los Estados Unidos con dos guerras sangrientas y prolongadas en Asia.

Un enemigo subestimado

Con el ejército de la República de Corea en plena retirada, las fuerzas estadounidenses llegaron a Corea sin estar preparadas para la lucha efectiva y altamente organizada del KPA. La solicitud inicial de MacArthur de dos divisiones se extendió a 30.000 soldados menos de una semana después. Una semana después pidió ocho divisiones en total[cxii]. Los norcoreanos habían superado severamente las expectativas de las fuerzas estadounidenses. Eran una fuerza de combate efectiva, hábil en el arte del combate de guerrillas, con mujeres entre sus filas y muchos simpatizantes en el sur. Hanson Baldwin, el editor militar del *New York Times*, los resumió cuando los calificó de "entrenados, implacables, temerarios de la vida, y hábiles en las tácticas de la clase de guerra que combaten como las hordas de Genghis Khan".[cxiii]"

Sin experiencia previa contra este tipo de guerra, las fuerzas de los Estados Unidos tenían poca idea de cómo derrotarlos. Adoptaron una estrategia para arrasar a los presuntos pueblos comunistas hasta el suelo. A los pueblos y aldeas sospechosos de albergar a comunistas les quitaron su población civil e internaron en las islas cerca de la costa de Pusan, donde se les prohibió regresar. Sus casas fueron devastadas y la ciudad o aldea totalmente destruida[cxiv]. La ciudad de Sunchon había arrestado al 90% de su población, mientras que Yechon había removido a todos los civiles[cxv].

Truman continuó enviando tropas estadounidenses para sofocar el impulso norcoreano. A finales de julio, había 47.000 estadounidenses luchando junto a 45.000 surcoreanos contra solo 70.000 norcoreanos, pero el retiro continuó[cxvi]. No fue hasta que se desplegó la 1ra Brigada de Infantería de Marina en agosto, que el retiro finalmente se desaceleró y se establecieron las líneas del frente.

Con el retiro finalmente contrarrestado, el comando estadounidense y la República de Corea hicieron un balance de la situación. Habían sido empujados a un área de 80x50 millas en el extremo sureste de la península, que iba desde Pohang hasta Taegu, luego a la región costera de Chinju-Masan. Había 98.000 tropas de KPA en el sur de la península. La capital de Corea del Sur, Seúl, estaba en manos de Corea del Norte, mientras que la mitad de las fuerzas de la República de Corea quedaron muertas, fueron capturadas o fueron declaradas desaparecidas. Alrededor del 70% del ejército de la República de Corea había perdido sus armas en su prisa por retirarse del campo de batalla y solo dos divisiones permanecían en plena capacidad de combate[cxvii].

El plan de Kim Il-sung que había tramado con Stalin durante la reunión del previo mes de marzo donde se había propuesto golpear a la República de Corea con fuerza y rapidez para unificar rápidamente la península, y casi lo logró. Había obligado a MacArthur a jugar su mano y, para el 8 de septiembre, todas las tropas de combate disponibles luchaban en Corea del Norte, excepto la 82° División Aerotransportada, muy lejos de las dos divisiones que MacArthur creía inicialmente que enviarían al KPA al paralelo 38°. Fueron necesarios 83.000 soldados estadounidenses junto con 57.000 ROK y refuerzos británicos[cxviii] para detener el avance de Corea del Norte, pero esto tuvo un costo.

En los últimos días de agosto, el KPA lanzó otra ofensiva para romper las líneas de los EE. UU. y la ROK. Tres batallones KPA cruzaron el río Naktong y tomaron a Pohang y Chinju. Las fuerzas de los Estados Unidos se vieron obligadas a reubicar el cuartel general en Pusan[cxix]. Estas dos semanas vieron algunos de los combates más sangrientos de la guerra y, a mediados de septiembre, había largas listas de bajas.

Entre el 25 de junio, cuando comenzó la guerra, y el 15 de septiembre, hubo más de 20.000 soldados estadounidenses heridos y 4.280 muertos[cxx]. Estas pérdidas palidecieron en comparación con las pérdidas registradas en el Ejército de la República de Corea. Durante la guerra por el sur, 111.000 surcoreanos murieron con más de 106.000 heridos y 57.000 aún desaparecidos. Para aquellos que sobrevivieron, muchos quedaron sin hogar ya que 314.000 casas fueron destruidas[cxxi].

Las fuerzas de los Estados Unidos y la República de Corea se habían visto humilladas en el escenario mundial. Los Estados Unidos habían derrotado a dos de los ejércitos más grandes del planeta en los japoneses y los alemanes, y ahora un ejército comunista recién formado los había empujado a un pequeño espacio en el rincón sureste de la península. Le había costado a casi toda su fuerza militar solo para evitar la toma total de Corea por parte de los comunistas que avanzaban y su posición aún no parecía segura. Pero MacArthur tenía un plan para restaurar el orgullo de los Estados Unidos y cambiar el rumbo de la Guerra de Corea.

Capítulo 6 - Victorias agridulces: el renacimiento estadounidense y la decisión de China de cruzar el Yalu

El ambicioso plan maestro de MacArthur cambió el rumbo de la guerra y dio la vuelta al conflicto de Corea. Las fuerzas de los Estados Unidos y la República de Corea pasaron de ser atrapadas en el perímetro de Pusan, con el mar a sus espaldas y las olas de embestida de Corea del Norte que se estrellaron en su frente, a la recaptura de Seúl y el restablecimiento del paralelo 38° en solo un par de semanas.

Formando el legado de MacArthur

El crédito por el espectacular resurgimiento de las fuerzas de los Estados Unidos solo se puede colocar a los pies de un hombre, el general Douglas MacArthur. MacArthur había estado planeando cuál sería su legado de coronación desde el 29 de junio, cuando tomó un vuelo a Suwon en los primeros días de la guerra. En medio del pánico y la retirada del Ejército de Corea del Sur y de los civiles, formuló la idea de organizar un aterrizaje anfibio cerca de Seúl[cxxii] para cortar las líneas de suministro de Corea del Norte, recuperar la capital y aislar a las tropas del KPA en el Sur, que luego podrían ser redondeadas y aplastadas. Decidió que Inchon sería el lugar perfecto para tal aterrizaje.

Casi inmediatamente MacArthur ordenó a sus asesores que comenzaran la planificación de la "Operación Corazón Azul". Sin embargo, a medida que las tropas norcoreanas avanzaban con una fuerza alarmante, el plan se suspendió mientras se reorganizaban las líneas estadounidenses y se traían más tropas para detener el avance.

El plan para un aterrizaje anfibio pronto fue revivido bajo la "Operación Chromite"[cxxiii], con Inchon como objetivo y el 15 de septiembre como fecha de ejecución. Pero el plan tuvo sus oponentes. Los almirantes superiores y los generales de la marina eran escépticos. Solo se podía acceder a Inchon por un estrecho corredor y se podía defender todo el corredor mediante el despliegue de armas y artillería de Corea del Norte en la isla Wolmi. Inchon también tenía mareas impredecibles y extremas. La diferencia de altura entre la marea alta y baja fue de hasta diez metros. Si el aterrizaje no se cronometraba a la perfección, las naves de aterrizaje se atascarían tan pronto como la marea bajara. Con tantas incertidumbres, muchos de los generales y almirantes no estaban dispuestos a alejar a los hombres de la defensa feroz del perímetro de Pusan para embarcarse en una ofensiva anfibia tan ambiciosa y potencialmente peligrosa[cxxiv].

Tomó todas las habilidades de astucia y oratoria de MacArthur para persuadir a los generales de su plan. El 23 de agosto, se reunió con altos almirantes, generales y jefes de personal del ejército y la marina en Tokio para escuchar sus quejas. Después de escuchar atentamente sus preocupaciones mientras fumaba su pipa, se puso de pie para dirigirse a ellos y aliviar su descontento. Lo que siguió fue un discurso apasionante de 45 minutos que decidiría el destino y el legado no solo del propio MacArthur, sino de toda la intervención estadounidense en Corea. Esbozó sus argumentos para el aterrizaje y concluyó con las palabras de excitación: "Casi puedo escuchar el tictac de la segunda mano del destino. Debemos actuar ahora o moriremos. Inchon tendrá éxito, y vamos a salvar 100.000 vidas. Aterrizaremos en Inchon, y los aplastaré[cxxv]".

El aterrizaje de Inchon

Las palabras de MacArthur no podrían haber sido más proféticas. El 10 de septiembre comenzó el preludio del aterrizaje. Los cruceros y aviones de guerra británicos y estadounidenses comenzaron el bombardeo de la isla Wolmi, desactivando gran parte del armamento del KPA y abriendo el camino para que los 260 barcos de desembarco aterrizaran en Inchon cinco días después[cxxvi].

Para orquestar el aterrizaje en Inchon, MacArthur reclutó al genio anfibio detrás del exitoso aterrizaje de Leyte en Filipinas y el desembarco de la playa de Omaha en Normandía durante la Segunda Guerra Mundial, el almirante Arthur Dewey Struble[cxxvii]. Navegó un aterrizaje perfectamente cronometrado entre las bahías y las mareas cambiantes. Kim no logró explotar el puerto y tenía tan poco como 2.000 efectivos de KPA colocados allí. Fueron impotentes para resistir la invasión y los marines aterrizaron con mínima oposición.[cxxviii]

El aterrizaje fue ejecutado a la perfección, una buena parte de buenas noticias provenientes del conflicto después de semanas de pérdidas estadounidenses y surcoreanas que dominan los titulares.

Kim Il-sung fue advertido sobre el aterrizaje de Mao y los chinos, pero no pudo evitar el éxito de la fuerza de aterrizaje estadounidense. Cuando la retirada se hizo más lenta y las tropas estadounidenses atacaron alrededor de Pusan en el sureste, Zhou Enlai ordenó al Estado Mayor del Ejército Popular de Liberación (EPL), Lei Yingfu, que elaborara un pronóstico de los posibles movimientos estadounidenses en el futuro. Lei concluyó que los EE. UU. probablemente intentarían un aterrizaje anfibio e Inchon probablemente sería el sitio[cxxix]. El mismo día en que MacArthur estaba despertando a sus generales con su discurso en Tokio, Lei informó a Mao sobre sus sospechas, quien transmitió la información a Kim Il-sung. Los asesores rusos de Kim también le estaban dando advertencias similares. Por razones desconocidas, Kim no actuó sobre ellos, para su propia desgracia.

El retiro inteligente

Dos semanas después del desembarco en Inchon, las fuerzas estadounidenses habían retomado a Seúl y las tropas norcoreanas huían al norte a través de las montañas[cxxx]. A principios de octubre, las fuerzas estadounidenses habían restablecido la 38° división paralela y habían logrado contener la propagación del comunismo en la península.

Si los estadounidenses hubieran parado allí, el conflicto podría haber terminado. El paralelo 38° habría sido reconocido y restaurado y Truman podría celebrar la finalización exitosa de sus objetivos de preguerra. Había logrado evitar el conflicto abierto entre las tropas estadounidenses y las fuerzas chinas o soviéticas, sin permitir que la República de Corea cayera en el comunismo. El establecimiento de las líneas de demarcación previas a junio a finales de septiembre podría haber salvado miles de vidas estadounidenses, norcoreanas y chinas. Sin embargo, esto no iba a pasar.

El 9 de septiembre, seis días antes del desembarco de Inchon, el Consejo de Seguridad Nacional emitió el documento número 81, que asesoraba al Presidente sobre su curso de acción una vez que se restableciera el paralelo 38°[cxxxi]. El informe concluyó que la restauración de las fuerzas en el paralelo 38°, como lo fue el 25 de junio, no sería deseable para los Estados Unidos. Este recomendó a Truman impulsar la reunificación de toda la península coreana por la fuerza militar en Corea del Norte[cxxxii].

Truman aceptó y autorizó el uso de la fuerza militar estadounidense por encima del paralelo 38°, aunque agregó la estipulación de que solo el Ejército de la República de Corea debería participar en operaciones cerca de la frontera con Manchuria y si había algún signo de agresión soviética, se debía informar inmediatamente y las tropas estadounidenses asumirían posiciones defensivas[cxxxiii].

A pesar de reconocer que la decisión norcoreana de cruzar el paralelo 38° el 25 de junio como un acto claro de agresión comunista, el Consejo de Seguridad de los EE. UU., vería como un problema que las fuerzas de los estadounidenses hicieran exactamente lo mismo un poco más de dos meses después. Entonces, las fuerzas de los Estados Unidos emprendieron una campaña militar al norte del paralelo 38° para unificar la península bajo el gobierno de la República de Corea. MacArthur dividió su fuerza en dos columnas[cxxxiv] con la intención de formar un movimiento de pinza y atrapar a las tropas de KPA restantes contra el río Yalu en medio de las dos columnas antes de acercarse a ellos y aplastarlos.

A principios de octubre, las fuerzas norcoreanas estaban en retirada total, aunque desconocidas para MacArthur y Truman, a diferencia de la frenética retirada de las fuerzas de la República de Corea, a principios de verano, esta fue una retirada calculada e inteligente.

Las notas recuperadas del cuaderno de Pak Ki-song, el Jefe de Inteligencia Política de KPA octava división, muestran que el KPA tenía un plan propio. Querían atraer a los estadounidenses a las profundidades del territorio norcoreano, hacia el río Yalu para extender las fuerzas de los Estados Unidos sobre una vasta zona y cada vez más cerca de la frontera china[cxxxv].

China cruza el Yalu

A medida que las fuerzas de EE. UU. continuaron con el KPA hacia Corea del Norte hacia finales de septiembre y principios de octubre, las agencias de inteligencia estadounidenses consideraron la posibilidad de que China entrara en la guerra en apoyo del gobierno de Kim Il-sung.

El 20 de septiembre, la CIA discutió la posibilidad de que los "voluntarios" chinos pudieran acudir en ayuda del KPA, pero concluyeron que, como Stalin, Mao no tenía interés en involucrar a sus fuerzas chinas en un conflicto abierto con las fuerzas estadounidenses[cxxxvi]. Incluso hasta el 24 de noviembre, apenas unos días antes de la ofensiva china mientras las fuerzas de MacArthur marchaban en el río Yalu, la CIA aún no sospechaba la inminente intervención china. Pero, ¿por qué Estados Unidos estaba tan convencido de que una ofensiva china estaba tan descartada?

Internamente, la economía de China se rompió después de la revolución de Mao[cxxxvii]. La inflación era alta y con la atención de Mao en un asalto a Taiwán, los formuladores de políticas de los EE. UU. no consideraron que Corea del Norte ocupara un lugar destacado en la lista de prioridades de Mao.

Los Estados Unidos también depositaron demasiada fe en la política soviética de no intervención. Asumieron erróneamente que los chinos tomarían el liderazgo de los soviéticos sobre el asunto y supusieron que la decisión de Stalin de no proporcionar apoyo y asistencia se extendía automáticamente a Mao[cxxxviii].

Había algo de lógica en esto. La relación chino-soviética en 1950 hizo que cada país mantuviera su propia esfera de influencia. La Unión Soviética proporcionó armas y apoyo a Kim Il-sung en Corea del Norte, mientras que los chinos proporcionaron ayuda y apoyo a Ho Chi Minh y sus fuerzas comunistas en Vietnam. El gobierno de Truman puso demasiado énfasis en estas esferas y asumió que no habría un cruce de apoyo, especialmente cuando los comunistas vietnamitas planeaban un asalto a los colonialistas franceses en Vietnam en ese momento y necesitarían todo el apoyo chino que pudieran obtener[cxxxix].

La decisión de comprometer a las fuerzas chinas si Corea del Norte fuese invadida ya se había decidido durante la visita de Kim Il-sung a Beijing antes del estallido de la guerra. El 4 de agosto, solo un par de semanas después del inicio de la guerra, Mao ya contaba con asesores militares chinos en Pyongyang que informaban sobre la situación de la guerra de Corea[cxl]. A finales de septiembre, después de los éxitos estadounidenses en Inchon, se decidió que las fuerzas chinas entraran en la guerra. Lo único que quedaba por decidir era cuándo y cuán grande sería la fuerza. El 30 de septiembre, Mao le dijo a Stalin que enviaría 12 divisiones de infantería a Corea del

Norte, pero a Stalin le preocupaba que un despliegue de fuerza tan grande causara una escalada del conflicto[cxli]. Al final, Mao asignaría estas divisiones contra los deseos de Stalin.

La Administración Truman no consideró completamente la situación de China en su análisis. Si bien las fuerzas de los Estados Unidos no constituían una amenaza directa para la seguridad nacional de Mao, la perspectiva de una Corea del Norte ocupada por los Estados Unidos plantearía problemas considerables a Mao en el futuro. China necesitaba tropas de la guarnición a lo largo de la frontera de Manchuria para mantener una línea de defensa contra sus vecinos ocupados por los Estados Unidos. La región noreste de China albergaba gran parte de la industria pesada del país y era increíblemente valiosa para Mao. Manchuria fue el hogar de las industrias de acero y carbón de China y las centrales hidroeléctricas en Yalu, que proporcionaban electricidad. La frontera de 1.000 km necesitaba un número sustancial de tropas para protegerla, lo que significaba mayores costos y menos tropas disponibles para el futuro asalto de Taiwán[cxlii]. También temía que, con un vecino ocupado por los Estados Unidos, alimentaría a los elementos anticomunistas presentes en China que estaban en contra de sus políticas. No podía permitirse que los grupos anticomunistas cobraran impulso tan poco después de la revolución comunista y decidió que la intervención ahora para evitar la toma de posesión de la península por parte de los Estados Unidos, le ahorraría dinero y tropas a China a largo plazo y ayudaría a Mao a crear un gobierno comunista chino más estable políticamente.

La Administración Truman tampoco consideró el alcance de la cooperación chino-coreana durante la Guerra Civil China. El Gobierno provincial de Corea se había establecido en Shanghai durante la ocupación de los Estados Unidos en el sur y muchos coreanos habían luchado por el Partido Comunista Chino (PCCh) durante la Guerra Civil[cxliii]. Esta asistencia no había pasado desapercibida para Mao, quien estaba feliz de ayudar a los comunistas coreanos en su propia Guerra Civil.

También hubo señales de advertencia que pasaron desapercibidas. A mediados de noviembre, la CIA notó que la retirada de Corea del Norte no se parecía a la retirada normal de un ejército en vuelo. Las pinzas de MacArthur se encontraron con una resistencia limitada de las tropas del KPA, incluso mientras se apoderaban de Chongjin y el corazón de Kim Il-sung, Kapsan. La CIA comenzó a sospechar que la retirada era un truco para lanzar una contraofensiva. Los pilotos de reconocimiento también informaron avistamientos de un gran número de tropas reunidas en el campo hacia la frontera de Manchuria[cxliv], pero hubo un consenso limitado entre las agencias de inteligencia y las fuerzas de MacArthur, que continuaron avanzando y estirando sus líneas de suministro cuando se acercaba el amargo invierno coreano.

Había señales en tierra que deberían haber sido causa de alarma para Truman. Entre los prisioneros de guerra de la KPA capturados había tropas chinas de seis ejércitos chinos diferentes, una clara indicación de la significativa cooperación chino-coreana[cxlv]. Los chinos lanzaron una pequeña y sangrienta ofensiva a través del Yalu a finales de octubre[cxlvi], con la esperanza de que su mera presencia disuadiera a la Marcha hacia la frontera china y causara que MacArthur volviera al paralelo 38°. Atacaron y luego desaparecieron. Pero MacArthur fue implacable en su empuje hacia adelante.

Internamente, Zhou Enlai condenaba el cruce estadounidense del paralelo 38° como una amenaza directa a la seguridad nacional china[cxlvii]. Esto, junto con la pequeña ofensiva a finales de octubre, fue tanto un mensaje para la población china como para los estadounidenses. Zhou y Mao necesitaban crear el contexto político correcto para intervenir en el conflicto coreano. La guerra con las fuerzas estadounidenses sería costosa y significaría sacrificios para la población civil china. Enmarcando la guerra como una respuesta a la agresión estadounidense y una medida puramente defensiva les permitió vender la guerra a la población china[cxlviii]. Esto también fue adecuado para Kim. Quería esperar el momento oportuno para la intervención china, una vez que las líneas estadounidenses se hubieran estirado lo suficiente y una contraofensiva causaría el mayor daño.

El ataque chino

La contraofensiva china comenzó en serio el 27 de noviembre de 1950. Tal como estaba previsto, las fuerzas estadounidenses se extendieron por todo Corea del Norte y el brutal ataque de China redujo las fuerzas aliadas. La 1ª División de Marines se encontró atrapada en el Embalse de Changjin[cxlix] y, una vez más, las fuerzas de la ROKA casi se derrumbaron.

El 4 de diciembre, la Administración Truman cambió el escrito de MacArthur, haciendo de la preservación de las fuerzas de los Estados Unidos el nuevo objetivo primario. Con esa sobreexposición y líneas estiradas, las fuerzas de los Estados Unidos no podían hacer nada, excepto concentrarse en la supervivencia. Para el 6 de diciembre, Pyongyang había regresado al control de Corea del Norte y al día siguiente, la nueva línea de frente estaba a solo 20 millas al norte del paralelo 38°[cl], desentrañando todos los avances aliados de las seis semanas anteriores.

La contraofensiva había diezmado a las fuerzas de la República de Corea y Estados Unidos. Los Estados Unidos sufrieron 335.000 bajas[cli] en algunos de los combates más intensos de la guerra. MacArthur se puso furioso y calificó a la ofensiva china como "uno de los actos más ofensivos de la ilegalidad internacional de los registros históricos.[clii]" Ordenó la destrucción aérea completa de Corea del Norte desde la frontera de Manchuria hacia el sur como represalia. Pueblos enteros fueron envueltos en llamas mientras el campo norcoreano fue bombardeado con napalm y artillería estadounidense.

Truman tuvo que amenazar con desplegar armas atómicas en una conferencia de prensa el 30 de noviembre para detener el avance chino. Fueron la siniestra amenaza de la destrucción atómica y las tácticas astutas del campo de batalla del general Matthew Ridgway lo que detuvo el avance chino al sur de Seúl.

De un solo golpe, las fuerzas chinas erradicaron a las fuerzas estadounidenses del norte de la península y retomaron Seúl para los comunistas coreanos. Los éxitos del desembarco en Inchon de MacArthur fueron anulados casi todos por la intervención china. Si MacArthur puede responsabilizarse de gran parte de los éxitos de los Estados Unidos en Inchon, él y Truman también deben responsabilizarse de la catastrófica pérdida de vidas causada por el ejército chino. Las señales de advertencia de una inminente invasión china fueron ignoradas y los informes de inteligencia no lograron convencer a MacArthur o Truman para detener el avance estadounidense. Las fuerzas estadounidenses habían pasado de celebrar su victoria de Inchon, a correr hacia el sur para lamer sus heridas. Con la administración de Truman buscando a quién asignar la culpa, MacArthur se encontraría con un objetivo que lo mantuviera ocupado.

Capítulo 7 - ¿Cómo resolver un problema como China?

Una vez más, la marea de la Guerra de Corea había cambiado. A fines de enero, Ridgway estaba en posición de liderar las fuerzas de regreso a Seúl para reclamar la capital. Después de semanas de duros combates, las fuerzas estadounidenses retomaron Seúl y en la primavera de 1951 las líneas de batalla se endurecieron y se estabilizaron en líneas similares a las que aún hoy marcan la península.

La caída de Douglas MacArthur

Con el campo de batalla más o menos estabilizado, Truman enfrentó la próxima gran decisión de su presidencia. ¿Cómo lidiaría con la intervención de China en el conflicto coreano? La posición de MacArthur era inequívoca. Pidió el bombardeo de Corea del Norte y China y exigió que la guerra aérea se trajera contra objetivos chinos. También quería llevar las fuerzas de Chiang Kai-shek a Corea desde Taiwán y usarlas contra los chinos, ampliando así el alcance de la guerra, aumentando el número de tropas en la península y arrastrando aún más las fuerzas estadounidenses al atolladero coreano.

Truman se mostraba ahora escéptico ante el juicio de MacArthur. Conoció a Truman en octubre, justo un mes antes de la ofensiva de China y le aseguró que las posibilidades de una intervención china eran escasas. Se había demostrado que estaba equivocado una vez, era muy posible que otra vez se demostrara que estaba equivocado.

En un movimiento que sorprendió a la nación, Truman anunció el despido de MacArthur el 11 de abril de 1951. El público inicialmente estuvo en contra del despido y recibió a MacArthur con una bienvenida de héroe a su regreso. Incluso hubo rumores de que él se había presentado como candidato presidencial en las próximas elecciones presidenciales de 1952, pero esto nunca se materializó[cliii].

El despido provocó un argumento muy público entre Truman y MacArthur, cada uno de los cuales representaba puntos de vista opuestos sobre cómo manejar la agresión china en Corea. MacArthur defendía el lado de la guerra ilimitada, mientras que Truman, por otro lado, quería mantener el alcance limitado de la Guerra de Corea. Él no quería una guerra más amplia en Asia, creía que el teatro europeo era mucho más importante para el resultado de la Guerra Fría[cliv] y acusó a MacArthur de insubordinación y de no poder ver el panorama completo. También quería desesperadamente evitar cualquier provocación que llevara a la intervención soviética y potencialmente desencadenara una tercera guerra mundial.

A pesar de la opinión pública en ese momento, Truman tenía muy buenas razones para despedir a Douglas MacArthur. Sin embargo, estas razones válidas no se informaron al público y tuvieron poco efecto en la gran popularidad de MacArthur en ese momento. En la década de 1970, los testimonios secretos que tuvieron lugar en las Audiencias del Senado después del despido de MacArthur revelaron los verdaderos defectos de las soluciones propuestas por MacArthur en Corea. Exoneran un poco la decisión de Truman y le ofrecen al lector una idea de cómo sería una política coreana impulsada por MacArthur.

Los jefes de estado mayor conjunto (JCS, por sus siglas en inglés) que escucharon las audiencias en el Senado no estaban convencidos por los llamamientos de MacArthur para ampliar la guerra. Omar Bradley, el presidente del JCS y un militar mismo, condenó la estrategia de MacArthur de poner a los Estados Unidos en "la guerra equivocada, en el lugar equivocado, en el momento equivocado y con el enemigo equivocado[clv]".

Una mirada a la situación militar en Corea en el invierno y la primavera de 1950 y 1951 muestra por qué la estrategia de MacArthur fue equivocada. Había 35 divisiones soviéticas activas en el Lejano Oriente, que consistían en unas 500.000 tropas y 85 submarinos en total[clvi]. Si se movilizara la fuerza rusa contra el enemigo estadounidense, sería imposible obtener suministros de las bases estadounidenses en Japón a la península de Corea, más allá de los submarinos soviéticos y la Fuerza Aérea. Si la fuerza terrestre de medio millón de tropas entrara en la península, habría sido imposible evacuar a las tropas estadounidenses que ya estaban en Corea.

Mientras que los Estados Unidos estaban atrapados en Corea en el paralelo 38°, no había ninguna razón para que estas fuerzas soviéticas intervinieran; sin embargo, si la campaña de bombardeos se extendía a China, o si las fuerzas de los Estados Unidos obtuvieran la ventaja y empujaran a los chinos a Manchuria, no había garantías de que los soviéticos no entraran en el conflicto. Después de que los chinos los tomaran por sorpresa con su entrada en el conflicto, el gobierno de los Estados Unidos ya no tenía confianza en la promesa de Stalin de mantenerse fuera de Corea.

El otro problema con el llamado de MacArthur para una extensión de la guerra, fue que los Estados Unidos tenían muy pocas fuerzas para escalar la guerra. Según Hoyt Vandenberg, el jefe de personal de la Fuerza Aérea, el 80-85%[clvii] de la Fuerza Aérea ya estaba en Corea. Aparte de la decisión de bombardear objetivos chinos que podrían causar una escalada del teatro de guerra, también estiraría las capacidades de la Fuerza Aérea de los EE. UU. en ese momento. Vandenberg nunca lo divulgaría públicamente, pero en las

Audiencias del Senado luego de la destitución de MacArthur, calificó a la Fuerza Aérea de los Estados Unidos como una "fuerza muy reducida"[clviii].

Otra de las quejas que MacArthur tenía con la decisión de Truman de mantener una guerra limitada era que creía que los chinos estaban operando a su capacidad de batalla total e ilimitada, y la decisión de Truman de limitar la guerra estaba atando las manos de los estadounidenses y causando una pérdida innecesaria de la vida estadounidense[clix]. La evidencia también muestra que él estaba en un error en este tema también. Fue precisamente la decisión de China de limitar sus fuerzas lo que condujo a la preservación de más vidas estadounidenses. Los chinos tenían 26 divisiones de aviación disponibles durante la Guerra de Corea[clx], sin embargo, no habían utilizado sus capacidades aéreas contra las fuerzas terrestres o las líneas de comunicación de los Estados Unidos. Si los Estados Unidos extendieran su guerra aérea a China, indudablemente los chinos tomarían represalias al escalar su propia guerra en el aire, y muy probablemente con el apoyo aéreo soviético. Esto probablemente anularía cualquier ventaja obtenida del bombardeo de objetivos chinos[clxi]. En realidad, es muy probable que, al mantener una guerra limitada, las condiciones realmente favorecían a los estadounidenses, ya que utilizaban sus capacidades aéreas en Corea del Norte mientras que los chinos no utilizaban las suyas por completo. Esta opinión fue compartida por el Jefe de Estado Mayor del Ejército, J. Lawton Collins. Cuando MacArthur defendió por primera vez el bombardeo de China, las fuerzas terrestres estadounidenses se dispersaron por todo Corea del Norte[clxii]. Si los chinos los hubieran bombardeado entonces, el décimo cuerpo habría sido bloqueado en Hungnam y cualquier operación para evacuarlos habría sido difícil bajo el bombardeo aéreo chino y soviético.

La estrategia final de MacArthur fue el llamamiento para que el Ejército Nacionalista Chino de Taiwán se enfrentara a los comunistas chinos en Corea del Norte. La audiencia del Senado también se mostró escéptica de esta decisión. Los nacionalistas chinos ya habían caído ante los comunistas chinos una vez durante la Guerra Civil China, ¿por qué su suerte sería una lucha diferente en un país extranjero sin apoyo público? La audiencia del Senado concluyó que cualquier uso de los nacionalistas chinos en Corea debilitaría la posición de los Estados Unidos, no la fortalecería. Omar Bradley dijo acerca de las fuerzas de Chiang Kai-shek: "su liderazgo es pobre, su equipo es pobre y su entrenamiento es pobre[clxiii]". Habrían ofrecido poco en el camino de una ventaja a las fuerzas estadounidenses mejor entrenadas que ya combatían en la península.

Había una razón más para la decisión de Truman de eliminar a MacArthur. Esto dependía de la capacidad de Truman para confiar en MacArthur en una situación en la que los Estados Unidos podría recurrir a las armas atómicas. En marzo de 1951, MacArthur le pidió a Truman una autorización atómica completa para mantener la supremacía estadounidense en la Guerra de Corea[clxiv]. Los JCS también estaban considerando el uso de armas atómicas si los chinos enviaban significativamente más tropas al conflicto y empujaban a las fuerzas aliadas hacia Pusan, como había hecho el verano anterior. Truman incluso estuvo tan cerca como para ordenar el traslado de las bombas atómicas Mark IV a la custodia militar el 6 de abril[clxv], pero afortunadamente los chinos no optaron por reforzar sus números. Con el enfoque agresivo de MacArthur a la guerra y la sed de escalada, Truman sabía que, si se desplegaban armas atómicas, querría un general en el que pudiera confiar para ejercer extrema precaución y tacto. MacArthur no era tal general.

Explorar las implicaciones de la estrategia coreana de MacArthur muestra que indudablemente habría conducido a una mayor pérdida de vidas estadounidenses, ua escalada de la guerra y, potencialmente, una destrucción mutua asegurada en la forma de un escenario de la Segunda Guerra Mundial. Aunque impopular en ese momento, la retrospectiva y los documentos desclasificados que rodean las siguientes Audiencias del Senado muestran el tacto y la inteligencia de Truman para reemplazar a MacArthur como jefe de las fuerzas aliadas. Lo reemplazó con Matthew Ridgway, quien se había demostrado en el campo de batalla después de liderar la campaña para retomar Seúl, y Truman lo vio mucho más alineado con su propia estrategia para Corea. También era una opción mucho más segura en el caso del despliegue de armas atómicas, una perspectiva que estuvo sobre la mesa durante las siguientes negociaciones de alto el fuego.

Con eso, MacArthur, el héroe de guerra una vez alabado, fue eliminado del mando. El hombre que casi sin ayuda había revertido la marea de la guerra a través de su desembarco en Inchon ya no era el hombre al mando cuando la guerra entró en una nueva fase. La siguiente batalla duró dos años y fue una de las más difíciles de la guerra, pero a diferencia de las batallas anteriores, esto se llevaría a cabo alrededor de una mesa de negociaciones.

Capítulo 8 - El cese al fuego sangriento y la bomba que se avecina

La siguiente fase de la guerra comenzó en junio de 1951. El representante de la Unión Soviética en la ONU presentó una propuesta para que comenzaran las discusiones sobre el alto al fuego entre las partes involucradas en el conflicto coreano. Truman aceptó y eligió enviar al vicealmirante Charles Turner Joy para representar los intereses de la ONU. El teniente general Nam Il representaría a los comunistas norcoreanos[clxvi] y las conversaciones comenzaron el 10 de julio en la antigua capital coreana de Kaesong, en el sur de la península en el paralelo 38°.

La larga discusión

Las conversaciones de paz no comenzaron sin problemas. Syngman Rhee se negó a aceptar cualquier armisticio y la península permaneció dividida[clxvii]. Las conversaciones iniciales fueron sometidas a frecuentes suspensiones. Ninguna de las partes pudo ponerse de acuerdo sobre la ubicación de las líneas de demarcación, el curso de acción para los prisioneros de guerra o incluso la ubicación de las conversaciones de paz, y las conversaciones se trasladaron a Panmunjom en el norte de la península poco después de comenzar.

El problema era que ya no había una sed real de llevar el conflicto a una resolución rápida. Con las líneas del campo de batalla estables, ninguna de las partes sufrió pérdidas de vidas a gran escala. La guerra podría haber terminado en 1951 una vez que se asumieron las posiciones alrededor del paralelo 38°, pero se prolongaría durante otros dos años antes de que se alcanzara cualquier aspecto de paz.

Parte del problema era que la Unión Soviética no deseaba la paz en Corea. La Guerra Fría en Europa se estaba calentando y Stalin quería mantener la atención estadounidense en Asia.[clxviii] Sin embargo, no fue solo la presión soviética sobre China para mantener la guerra lo que hizo que las negociaciones se prolongaran. Truman se estaba preparando para una elección general en 1952, y no quería parecer blando con el comunismo. Truman tuvo que presionar por las condiciones más favorables para los estadounidenses o habría sido crucificado en las elecciones[clxix]. Como resultado, el armisticio tendría que esperar hasta que Eisenhower asumiera la presidencia, quien tendría un mandato más fuerte y podría permitirse ser un poco más conciliador en las negociaciones. Estas razones, junto con el desprecio de Syngman Rhee por las negociaciones y sus intentos de socavarlos liberando arbitrariamente a los prisioneros de guerra para cambiar las condiciones de la situación[clxx], no es de extrañar que se tomaran tanto tiempo como lo hicieron, e increíble que un alto el fuego significativo pudiese no ser acordado en absoluto.

El problema del prisionero de guerra

Cuando comenzaron las negociaciones, uno de los puntos conflictivos fue la cuestión de qué hacer con los prisioneros de guerra de ambos lados. Muchos de los prisioneros chinos y norcoreanos detenidos en Corea del Sur habían expresado su renuencia a regresar a sus hogares. Los Estados Unidos estimaron que hasta 116.000 de los 132.000 prisioneros de guerra chinos y norcoreanos no querían regresar a sus países de origen[clxxi].

Esta estimación resultó ser muy inflada. Pero esto no impidió que el presidente Truman insistiera en la condición de que se les permitiera a los prisioneros de guerra elegir si regresarían a casa o se instalarían en su país anfitrión[clxxii]. Él creía que esta era una oportunidad para socavar a los gobiernos comunistas de Corea del Norte y China en el escenario mundial. Sin embargo, varios miembros de alto rango de su administración se opusieron con vehemencia a esta condición, incluido Charles Turner Joy. Temían que los comunistas usarían esto como una excusa para aferrar a los prisioneros estadounidenses o usarlos para infiltrarse en la República de Corea y los EE.UU. con simpatizantes comunistas.

Mao también estaba en contra de esta condición. Temía que Chiang Kai-shek estuviera usando esto como una estrategia para adoctrinar a las tropas chinas y expandir su base de poder nacionalista. Después de que Estados Unidos realizara una encuesta entre los prisioneros de guerra, parecía que Mao tenía razón en preocuparse. Dieciséis mil de los 21.000 prisioneros chinos en Corea del Sur dijeron que no querían regresar a sus hogares en la República Popular China, mucho más que entre los prisioneros KPA[clxxiii].

Con Truman insistiendo en la inclusión de la condición y Mao tan ferozmente en contra de ella, el tema de los prisioneros de guerra se convirtió en una grave fuente de demora en las negociaciones de alto al fuego.

Ambas partes desconfiaban tanto de la otra sobre el tema de los prisioneros de guerra que, incluso después de que se llegara a un acuerdo en junio de 1953 y se devolviera a los prisioneros ROKA, el gobierno de Syngman Rhee los sometió a otros seis meses de reeducación política antes de que pudieran regresar a casa con sus familias en Corea del Sur[clxxiv]. Temía que hubieran sido adoctrinados por los comunistas y enviados de vuelta para causar disturbios en Corea del Sur.

Truman, Eisenhower y la amenaza de aniquilación nuclear

John Foster Dulles, el Secretario de Estado de los EE. UU., Bajo Eisenhower, se mantuvo firme en la decisión de la administración de Eisenhower de amenazar la expansión de la guerra a incluir las armas nucleares que trajeron la paz a la península[clxxv]. Sin embargo, existe evidencia significativa que sugiere que esto obstaculizó las negociaciones en lugar de acelerarlas.

Las armas nucleares se consideraron por primera vez desde noviembre de 1950[clxxvi], cuando Truman emitió una declaración pública que sugería que la opción nuclear estaba sobre la mesa. Esto no solo no impidió que los chinos entraran en la guerra, sino que también falló en impedir que persiguieran a las fuerzas estadounidenses que se retiraban hacia el sur de la península y tomar Seúl.

Cada vez que había amenazas de destrucción nuclear, los chinos respondían de manera más desafiante contra las condiciones estadounidenses en las negociaciones. En 1952, mientras Truman intentaba frenéticamente negociar condiciones favorables de alto al fuego para darle impulso a las elecciones, lanzó un ultimátum a los chinos. O bien aceptaban el último paquete que detallaba las condiciones para la liberación de los pricioneros de guerra (POW) o podrían esperar una lluvia de bombas y ruinas del aire. En ese momento, el primer ministro indio, Nehru, estaba en el proceso de construir un paquete de prisioneros de guerra que parecía esperanzador tanto para los chinos como para los estadounidenses, pero una vez que se dio el ultimátum, los chinos rechazaron el paquete por completo[clxxvii].

Cuando Truman perdió las elecciones presidenciales de 1952 y Eisenhower estaba haciendo los preparativos para ingresar a la Casa Blanca en enero de 1953, visitó Corea. Fue durante este viaje que formuló su enfoque diplomático. Cuando regresó de Corea en diciembre de 1952, Eisenhower decidió que su estrategia de Corea abarcaría dos líneas de acción fundamentales. La primera fue que no toleraría más retrasos en las conversaciones de paz. La segunda fue el único plan militar que apoyaría para poner fin al estancamiento diplomático y que fuese mediante el despliegue de armas nucleares[clxxviii].

Una vez inaugurado en enero de 1953, Eisenhower aumentó las pruebas atómicas en un gesto para mostrar a China el alcance de las capacidades aéreas de los EE. UU[clxxix]. Sin embargo, una vez más, esto hizo que China se alejara de un armisticio. En respuesta al enfoque alcista de Eisenhower, en febrero, el PCCh envió a un destacado científico nuclear a Moscú y apeló a Stalin para que tomara represalias nucleares inmediatas en caso de un ataque nuclear contra China desde los EE. UU. La respuesta que recibieron nunca fue revelada, pero la Unión Soviética ciertamente nunca descartó públicamente esto o contradijo a Mao al respecto[clxxx]. Este llamamiento a puerta cerrada a Stalin fue apoyado por una declaración pública de Zhou Enlai el 4 de febrero de que China pelearía si Eisenhower deseara intensificar la guerra[clxxxi]. Los medios chinos también indican la creencia generalizada de que las amenazas de Eisenhower no eran más que una embestida política, como lo había sido antes Truman.

Cuanto más ruido hacía Eisenhower, más decidida estaba China; mantendría la línea en el paralelo 38 y no se le empujaría a la mesa de negociaciones. Estados Unidos se vio obligado a hacer concesiones cuando las amenazas nucleares se encontraban en todo su apogeo. En febrero, Eisenhower lanzó cien toneladas de artillería sobre Corea del Norte, el bombardeo más intenso que el país había recibido en más de un año. Parece que después de esto hubo algo de progreso, ya que, en marzo, Zhou Enlai hizo la concesión de que cualquier prisionero de guerra chino que no quisiera regresar a China podría ser transferido a un estado neutral. Se trataba de un progreso serio en la cuestión de los prisioneros de guerra, que había plagado las negociaciones desde 1951. Luego, el 20 de mayo, el Consejo de Seguridad Nacional recomendó públicamente el uso de armas atómicas y los chinos, una vez más, rechazaron estas propuestas y obligaron a Estados Unidos a abandonar la cláusula para avanzar en las negociaciones[clxxxii].

El problema era que las amenazas de Eisenhower eran transparentes. Seguía realizando amenazas nucleares casi dos años después de que Truman hubiera tomado la decisión de iniciar negociaciones de paz. Con las ruedas de la paz en movimiento, los chinos sabían que los Estados Unidos no tendrían nada que ganar al escalar la guerra una vez más[clxxxiii]. Mao también era muy consciente de que los Estados Unidos nunca se sentarían a las negociaciones de paz a menos que los chinos ya hubieran afirmado su dominio en el campo de batalla. También había que pensar en los objetivos del aliado más cercano de los Estados Unidos, el gobierno británico. Los británicos confiaron en el comercio con China para mantener su colonia de Hong Kong. El uso de armas atómicas contra China condujo a relaciones tensas con los británicos, que habían ayudado a la campaña estadounidense en Corea y habían demostrado ser aliados útiles[clxxxiv].

A medida que avanzaban las negociaciones, Eisenhower intentó llevar a Syngman Rhee a bordo para intentar acelerar el proceso. Le ofreció al líder de Corea del Sur beneficios significativos en la forma de un acuerdo de defensa de posguerra y prometió desbloquear más ayuda de posguerra para los surcoreanos, pero Rhee todavía se negaba a ser parte de un acuerdo de armisticio[clxxxv]. En junio de 1953, como un armisticio parecía inevitable, Rhee una vez más intentó sabotear el proceso liberando a 25.000 prisioneros de guerra. De acuerdo con la política de tolerancia cero de Eisenhower ante retrasos innecesarios, elaboró la "Operación Everready"[clxxxvi] que implicó la remoción de Rhee en un golpe de estado, en caso de que volviese a realizar un truco similar. Afortunadamente para Rhee, nunca se dio la orden de llevar a cabo el golpe.

Después de dos ofensivas comunistas fallidas en junio, los tres partidos en negociaciones llegaron a un acuerdo de armisticio. El 27 de junio, las partes china, norteamericana y norcoreana acordaron la instalación de una zona de amortiguación de 2.5 millas a lo largo del paralelo 38° y la península se dividió en la línea de demarcación que aún se mantiene hasta el día de hoy[clxxxvii]. Más de dos años de negociaciones llegaron a su fin. Sin embargo, no se llegó a un acuerdo formal de paz y el gobierno de Corea del Sur nunca estuvo de acuerdo con el alto al fuego, por lo que técnicamente la guerra de Corea todavía seguía en curso.

Capítulo 9 - El legado de la guerra de Corea

El conflicto de Corea reunió un total de alrededor de 4 millones de víctimas, de las cuales al menos la mitad provino de civiles. En el siglo XX, solo la Primera y la Segunda Guerra Mundial cobraron más vidas que el conflicto coreano[clxxxviii]. A pesar de esto, y de los 36.940 soldados estadounidenses asesinados[clxxxix], la Guerra de Corea es a menudo olvidada en la narrativa estadounidense del siglo XX. Este periodo, intercalado entre la Segunda Guerra Mundial y la Guerra de Vietnam, a menudo se pasa por alto. Sin embargo, la Guerra de Corea forjó el paisaje de la península coreana de hoy en día y estableció el tono de cómo los Estados Unidos lidiarían con la expansión comunista en todo el mundo.

Parte de la razón por la cual el conflicto es tan a menudo pasado por alto en Occidente, es que la guerra generalmente se recuerda por el impacto en la situación interior de la nación[cxc]. La guerra de Vietnam es a menudo recordada por su impacto en el movimiento por los derechos civiles y las protestas y debates públicos especialmente acalorados. En comparación, a menudo se considera que la Guerra de Corea tiene un impacto relativamente limitado en la política nacional en los EE. UU., pero esto no podría estar más lejos de la verdad.

Conformando la política de la Guerra Fría de los Estados Unidos

El impacto del conflicto coreano en la política exterior de los Estados Unidos no puede ser exagerado. El conflicto representó el nacimiento de la política estadounidense de contención militarizada que permanecería con ellos durante la mayor parte del período de la Guerra Fría[cxci]. La idea de Truman de que el despliegue del ejército estadounidense era esencial para evitar la propagación del comunismo se aplicó a Vietnam en los años 50 y 60, luego nuevamente contra Cuba en la invasión de Bahía de Cochinos y dictó el tono durante la mayor parte de la Guerra Fría.

Las relaciones chino-estadounidenses habían cambiado irreversiblemente a raíz de la guerra de Corea. Al comienzo de la Guerra de Corea, Truman usó el conflicto para calzarse en una nueva política estadounidense hacia China. La séptima flota fue enviada al estrecho de Taiwán para proteger a Taiwán y evitar la toma de la isla por parte de Mao[cxcii]. Esto pondría las relaciones chino-estadounidenses en el hielo durante los próximos 20 años hasta que se descongelaran bajo la administración de Nixon en los años 70. La independencia de Taiwán sigue siendo una fuente de controversia en toda China hoy. La decisión de Truman de asegurarla ha tenido un efecto marcado en la historia de la China moderna.

La Guerra de Corea fue la primera prueba real de bipartidismo y resolución de la ONU. El boicot de la Unión Soviética al Consejo de Seguridad de la ONU de votos sobre la intervención en Corea significó que Estados Unidos podría emprender una campaña contra el comunismo en Corea bajo la bandera de la ONU. Sin embargo, a raíz de la decisión de intervenir, los Estados Unidos eran muy conscientes de su buena fortuna y entendieron que, si la Unión Soviética hubiera utilizado su veto, se les habría negado la aprobación de la ONU. Como resultado, en octubre de 1950, se aprobó la Resolución "Unidos por la paz"[cxciii]. Esto permitió a la Asamblea General pedir a los estados miembros que formaran una unión para detener la agresión, incluso si los estados comunistas en el Consejo de Seguridad ejercían su derecho de veto a la intervención. Esto cambió la forma en que funcionaba la ONU, y aún se mantiene hasta el día de hoy, desviando parte del poder del Consejo de Seguridad a la Asamblea General.

Antes de la Guerra de Corea, los objetivos de la política exterior estadounidense no siempre estaban en línea con sus capacidades militares. Esto fue expresado de manera más aguda por la insistencia de MacArthur en expandir la guerra, a pesar de las capacidades aéreas y militares que les impedían hacerlo efectivamente. Tras la invasión china y la destrucción de las dos columnas de infantería de MacArthur, la guerra sirvió para alinear los objetivos de la política exterior de Estados Unidos con las capacidades estadounidenses[cxciv].

Esto se logró mediante un cambio completo en la política militar de los Estados Unidos y un aumento dramático en el financiamiento militar durante la Guerra de Corea y en los años siguientes. El NSC-68 se presentó por primera vez a Truman en abril de 1950, antes del estallido de la guerra. La recomendación requería que Truman aumentara enormemente el gasto estadounidense en la procuración militar en respuesta a que la Unión Soviética desarrollara la bomba atómica en 1949. Aunque Truman aceptó desarrollar la bomba de hidrógeno en enero de 1950, se negó a respaldar la inversión militar expansiva que el NSC-68 estaba pidiendo[cxcv].

Después de que estalló la guerra y las fuerzas estadounidenses se retiraran, Truman dio su autorización a la recomendación. Cuadruplicó el presupuesto de defensa de los Estados Unidos, incrementándolo de $ 13 mil millones en junio de 1950 a $ 50 mil millones a finales de 1951, después de que China cruzara el Yalu y aplastara las fuerzas estadounidenses[cxcvi]. Esto afectó a la economía de los EE. UU. y obligó a Truman y Eisenhower a implementar varias de las políticas económicas que definieron la economía de los EE. UU. del siglo XX. El salario obligatorio se introdujo, al igual que los controles de precios y créditos, y los contratos entre empresas militares privadas y que el gobierno de los Estados Unidos explotó[cxcvii]. El gobierno de los EE. UU. se involucró mucho más en la regulación de la economía de los EE. UU., sentando un precedente que permanecería hasta la administración de Reagan en los años 80, cuando prevaleció el neoliberalismo.

La Guerra de Corea también influyó en los Estados Unidos en un nivel más profundo que la política del gobierno. Alteró la relación entre el presidente y el Congreso. Durante la Guerra de Corea, Truman pudo comprometer al Ejército de los Estados Unidos a una guerra a gran escala en territorio extranjero sin un mandato del Congreso. Esta idea de una "presidencia imperial[cxcviii]" fue introducida. Truman había establecido un precedente por el cual el presidente podía pasar por alto el Congreso y comprometer a los militares de los Estados Unidos a la guerra bajo la cobertura de una amenaza a la seguridad nacional. Lyndon B. Johnson continuaría haciendo lo mismo en Vietnam para comprometer a Estados Unidos en una guerra allí unos años más tarde.

Lecciones olvidadas

Había otras lecciones que tomar de Corea. Las negociaciones de paz y la decisión de cruzar el paralelo 38° en las semanas posteriores al aterrizaje de Inchon demostraron que entrar en un conflicto sin un plan de salida o un objetivo claro para el éxito era una receta para el desastre. Sin embargo, los EE. UU. volverían a cometer los mismos errores en Vietnam, Filipinas, Alemania y, más recientemente, en Afganistán e Irak. Entrar en una guerra es fácil: salir de ella es la parte difícil. Los Estados Unidos seguirían entrando en conflictos de los que no podrían salir a lo largo de los siglos veinte y veintiuno. Increíblemente, más de 30.000 soldados[cxcix] aún están acuartelados en Corea del Sur, sesenta y cuatro años después del final de la Guerra de Corea.

El combate de estilo guerrillero de Corea del Norte causó problemas reales a las fuerzas aliadas en el verano de 1950 y las fuerzas comunistas, mucho más pequeñas, empujaron a los EE. UU. de regreso al perímetro de Pusan gracias a su disciplina y estrategias de guerrilla difíciles. Los vietnamitas adoptarían estrategias similares en la Guerra de Vietnam unos años más tarde, con el mismo nivel de éxito, lo que indica que los militares de los Estados Unidos todavía no habían desarrollado una estrategia militar coherente para enfrentar el combate de estilo guerrillero[cc]. Todo el manejo de la guerra de Vietnam demostraría que los militares de los Estados Unidos tenían poca memoria. Desde los paralelos de William Westmoreland hasta Douglas MacArthur, hasta los ecos de Nixon sobre las amenazas nucleares de Eisenhower. Si los militares de los Estados Unidos hubieran aprendido de su conducta en Corea, habrían evitado muchos de los escollos en los que más tarde caerían en Vietnam.

Una guerra coreana por un futuro coreano

Aunque la guerra fue de suma importancia para la política de los Estados Unidos a lo largo del siglo XX, debe recordarse que la guerra de Corea fue una guerra civil entre la población coreana, peleada por los coreanos, por el futuro de la península.

La pérdida de vidas en toda Corea fue catastrófica. Corea del Sur reportó 415.004 muertes con 1.312.836 heridos al final del conflicto. En el lado comunista, las bajas norcoreanas alcanzaron los dos millones, con un millón de civiles heridos, 520.000 soldados norcoreanos muertos y 900.000 muertes chinas[cci].

Kim y Rhee terminaron el conflicto más poderoso que antes. Kim se había probado en la guerra y la mayoría de sus rivales políticos habían muerto durante el conflicto, mientras que Rhee había protegido al Sur de una invasión china[ccii]. En todo caso, las divisiones entre las dos Coreas se profundizaron política y geográficamente, ya que la zona de amortiguamiento selló el destino del paisaje coreano e impidió que se produjera contacto entre los dos lados.

Esta línea de demarcación a lo largo del paralelo 38° y las implicaciones para el futuro de Corea es el mayor legado de la Guerra de Corea. No solo dividió la geografía de la península, sino que también dividió a la población nacional y sus familias. Diez millones de personas[cciii] aún viven en el Sur y no saben si los miembros de su familia que viven en el Norte siguen vivos. No han tenido contacto con ellos desde el final de la guerra.

La Guerra de Corea no fue solo una guerra de poder para los Estados Unidos y la Unión Soviética, como se menciona a menudo en Occidente. Era la lucha de un pueblo nacional por una revolución. La comprensión del conflicto coreano es esencial para entender la península coreana hoy. Los medios de comunicación estatales de Corea del Norte continúan arrojando declaraciones virulentas diariamente sobre los políticos surcoreanos y su relación con los Estados Unidos[cciv]. El gobierno de Corea del Sur continúa organizando ejercicios militares conjuntos con los militares de EE. UU. anualmente. La Guerra de Corea es la lente a través de la cual deben verse todas las relaciones en la península hoy.

Las negociaciones se produjeron entre las dos Coreas en la década de 1970, 1984 y luego nuevamente en 1990, pero ninguna vez hubo acuerdo para las nociones de reconciliación. Ambos lados aún miran al otro con sospecha y las viejas heridas aún están por sanar. Sin embargo, estas heridas no se curarán solas y, al avanzar, la comunicación abierta es esencial para evitar otro estallido de hostilidades y para traer la llegada de cualquier tipo de cooperación en la península.

Corea aún tiene un largo camino por recorrer para reparar la angustia que se siente en la península. La Guerra de Corea es una historia de separación, desde separación familiar, separación política, separación nacional, hasta la separación geográfica. Tanto los líderes de Corea del Norte como los de Corea del Sur tenían el objetivo de lograr una península coreana unificada, pero sesenta y cuatro años más tarde y el último legado de la guerra no podrían estar más lejos de la unificación.

Conclusión

En la tradición coreana, los postes de los guardianes de *Changsung* se erigieron en la entrada de pueblos y caminos para proteger a los aldeanos contra los espíritus malignos. Todavía hoy ensucian el paisaje rural coreano. Los aspectos intrincadamente tallados e intimidantes grabados en la madera apelan a las fuerzas espirituales para su protección y seguridad. Están adornados para simbolizar los espíritus masculinos y femeninos, representando un equilibrio entre el género y el bien contra el mal.

La dicotomía de *Changsung* es algo esencialmente coreano. La guerra de Corea no es una excepción. La península cayó bajo dos ideologías políticas competitivas muy diferentes, respaldadas por dos superpotencias mundiales. Incluso el gobierno norcoreano en el exilio tenía dos componentes: el gobierno provisional en China y los exiliados soviéticos de Kim. El balance que Kim equilibró entre Mao y Stalin llevó a buen término la guerra. Estas dicotomías dictaron la marea y el orden del conflicto y mantuvieron un dominio casi místico sobre la península.

El legado de la Guerra de Corea se ha sentido más profundamente en las relaciones: las relaciones entre el norte y el sur; la relación entre el norte y China, que continúa apareciendo en los medios de comunicación a medida que Pekín continúa burlando las sanciones impuestas por la ONU a Corea del Norte; a nivel familiar, las relaciones entre los miembros de la familia que viven en el norte de la península y los que viven en el sur fueron destruidas irrevocablemente y el contacto se cortó para las generaciones venideras.

La guerra no solo fue una de las más destructivas físicamente del siglo XX, sino que también alteró irreversiblemente la identidad nacional coreana. Si los Estados Unidos nunca se hubiera involucrado, Corea podría haber sido capaz de preservar estas relaciones y su identidad nacional anterior a 1945. Habrían tenido su Guerra Civil y una ideología política podría haber envuelto a la otra y la situación podría haberse resuelto. Lo que hace de Corea una de las guerras más tristes del siglo XX es que no resolvió nada. El paralelo 38° sigue en pie hoy en día y la inmensa pérdida de vidas no alteró la posición geográfica o política de la península.

A pesar de la tragedia y la destrucción que la guerra produjo y las relaciones que destruyó, hay algunas historias de inmenso amor y reconciliación que derivaron de la Guerra de Corea. La ciudad de Kurim es una de esas historias.

Kurim era una pequeña ciudad en el suroeste del país. Durante la Guerra de Corea, la población tomó horcas y azadones y se atacaron unos a otros, con algunos de la población de la ciudad simpatizando con los comunistas y otros que apoyaban al gobierno de Rhee. Más de 300 personas murieron en las escaramuzas, dejando a casi todos los hogares del pueblo afectados y en duelo. Después de la guerra, las condiciones eran propicias para la venganza y un caldo de cultivo de hostilidad. Sin embargo, el pueblo se negó a permitir que un aire de venganza y agitación prevaleciera. En 2006, el pueblo publicó una historia completa de Kumin. Aunque enumeraron a los que murieron en los conflictos, se negaron a imprimir cualquier información en alusión a quién había matado a quién en el conflicto. Los ancianos de la aldea decidieron que la mejor manera de avanzar la ciudad era mantener los detalles de quién fue el responsable de los asesinatos en secreto.

Estos pequeños actos de reconciliación pueden un día convertirse en una bola de nieve de reconciliación a gran escala. Pero, por el momento, las relaciones en la península coreana continúan atormentadas por los fantasmas de la guerra, y no muestran signos de complicidad.

Fuentes

[i] Kawasaki, Yutaka. "Was the 1910 Annexation Treaty Between Korea and Japan Concluded Illegally", *Murdoch University Electronic Journal of Law*, 3,2 (1996). http://www.murdoch.edu.au/elaw/issues/v3n2/kawasaki.html. Consultado: [1 de agosto de 2017]

[ii] McNamara, Dennis L. *The Colonial Origins of Korean Enterprise: 1910-1945* (Cambridge: Cambridge University Press: 1990) p.36

[iii] Savada, Andrea Matles and Shaw, William. Eds. *South Korea: A Country Study* (Washington: GPO for the Library of Congress: 1990) http://countrystudies.us/south-korea/7.htm Consultado: [1 de agosto de 2017]

[iv] McNamara, Dennis L. *The Colonial Origins of Korean Enterprise: 1910-1945* (Cambridge: Cambridge University Press: 1990) p.36

[v] Savada, Andrea Matles and Shaw, William. Eds. *South Korea: A Country Study* (Washington: GPO for the Library of Congress: 1990) http://countrystudies.us/south-korea/7.htm Consultado: [1 de agosto de 2017]

[vi] McNamara, Dennis L. *The Colonial Origins of Korean Enterprise: 1910-1945* (Cambridge: Cambridge University Press: 1990) p.34

[vii] McNamara, Dennis L. *The Colonial Origins of Korean Enterprise: 1910-1945* (Cambridge: Cambridge University Press: 1990) p.36

[viii] Savada, Andrea Matles and Shaw, William. Eds. *South Korea: A Country Study* (Washington: GPO for the Library of Congress: 1990) http://countrystudies.us/south-korea/7.htm Consultado: [1 de agosto de 2017]

[ix] McNamara, Dennis L. *The Colonial Origins of Korean Enterprise: 1910-1945* (Cambridge: Cambridge University Press: 1990) p.36

[x] Savada, Andrea Matles and Shaw, William. Eds. *South Korea: A Country Study* (Washington: GPO for the Library of Congress: 1990) http://countrystudies.us/south-korea/7.htm Consultado: [1 de agosto de 2017]

[xi] McNamara, Dennis L. *The Colonial Origins of Korean Enterprise: 1910-1945* (Cambridge: Cambridge University Press: 1990) p.36

[xii] Savada, Andrea Matles and Shaw, William. Eds. *South Korea: A Country Study* (Washington: GPO for the Library of Congress: 1990) http://countrystudies.us/south-korea/7.htm Consultado: [1 de agosto de 2017]

[xiii] Pang, Kie-chung, *Landlords, Peasants and Intellectuals in Modern Korea* (Ithaka, NY: Cornell University: 2005)

[xiv] Millet, Alan R. "The Korean People Missing in Action in the Misunderstood War, 1845-1954" in Stueck, Wiliam, ed. *The Korean War in World History* (Kentucky: University Press of Kentucky: 2004) p.13

[xv] Ibid. P.17

[xvi] Ibid.

[xvii] Ibid. P.18

[xviii] Ibid

[xix] Liu, Xiaoyuan, "Sino-American Diplomacy over Korea During World War II" in *The Journal of American-East Asian Relations*, 1, 2 (1992) p.233

[xx] Ibid

[xxi] Millet, Alan R. "The Korean People Missing in Action in the Misunderstood War, 1845-1954" in Stueck, Wiliam, ed. *The Korean War in World History* (Kentucky: University Press of Kentucky: 2004) p.17

[xxii] Daws, Gavan, *Prisoners of the Japanese: POWs of World War II in the Pacific* (New York: W. Morrow: 1994)

[xxiii] Shoten, Iwanami, *Comfort Women: Sexual Slavery in Japanese Military During World War II*, (New York: Columbia University Press: 2000)

[xxiv] Williamson, Lucy, 'Comfort Women: South Korea's Survivors of Japanese Brothels', *BBC News*, 2013, http://www.bbc.com/news/magazine-22680705, Consultado: [3 de agosto de 2017]

[xxv] Ibid.

[xxvi] Liu, Xiaoyuan, 'Sino-American Diplomacy over Korea during World War II', *The Journal of American-East Asian Relations*, 1, 2, 1992, p.227

[xxvii] Ibid. p.226

[xxviii] Ibid. p.233

[xxix] Ibid. p.243

[xxx] Ibid. p.244

[xxxi] Ibid. p.247

[xxxii] Ibid. p.254

[xxxiii] Ibid. p.259

[xxxiv] Ibid.

[xxxv] Barry, Mark P. 'The US and the 1945 Division of Korea: Mismanaging the "Big Decisions"', *International Journal on World Peace*, 29,4, 2012, p.42

[xxxvi] Ibid. P.43

xxxvii Lee, Won Sul, *The United States and the Division of Korea*, (Seoul: Kyunghee University Press: 1982) pp.68-69

xxxviii Barry, Mark P. 'The US and the 1945 Division of Korea: Mismanaging the "Big Decisions"', *International Journal on World Peace*, 29,4, 2012, p.44

xxxix Ibid. pp.46-47

xl Ibid. p.49

xli Ibid.

xlii Editorial, 'Ghosts of Cheju', *Newsweek*, 2000, http://www.newsweek.com/ghosts-cheju-160665 Consultado: [6 de agosto de 2017]

xliii Cummings, Bruce, *The Korean War: a History*, (New York: Random House: 2010), p.106

xliv Savada, Andrea Matles and Shaw, William. Eds. *South Korea: A Country Study* (Washington: GPO for the Library of Congress: 1990) http://countrystudies.us/south-korea/7.htm Consultado: [1 de agosto de 2017]

xlv Lee, Chong-Sik, 'Politics in North Korea: Pre-Korean War Stage', *the China Quarterly*, 14, 1963, pp 3-16

xlvi Savada, Andrea Matles and Shaw, William. Eds. *South Korea: A Country Study* (Washington: GPO for the Library of Congress: 1990) http://countrystudies.us/south-korea/7.htm Consultado: [1 de agosto de 2017]

xlvii Central Intelligence Agency, *North and South Korea: Separate Paths of Economic Development*, ER IM 72-82, 1972. < https://www.cia.gov/library/readingroom/docs/CIA-RDP85T00875R001700030082-7.pdf> [Consultado el 13 de agosto de 2017]

xlviii Savada, Andrea Matles and Shaw, William. Eds. *South Korea: A Country Study* (Washington: GPO for the Library of Congress: 1990) http://countrystudies.us/south-korea/7.htm Consultado: [1 de agosto de 2017]

[xlix] Ibid.

[l] Ibid.

[li] Ibid.

[lii] Merril, John Roscoe, 'The Cheju-do Rebellion', *Journal of Korean Studies*, 2, 1, 1980, pp.139-197

[liii] Editorial, 'Ghosts of Cheju', *Newsweek*, 2000, http://www.newsweek.com/ghosts-cheju-160665 Consultado: [6 de agosto de 2017]

[liv] Ibid.

[lv] Savada, Andrea Matles and Shaw, William. Eds. *South Korea: A Country Study* (Washington: GPO for the Library of Congress: 1990) http://countrystudies.us/south-korea/7.htm Consultado: [1 de agosto de 2017]

[lvi] Lee, Chong-Sik, 'Politics in North Korea: Pre-Korean War Stage', *the China Quarterly*, 14, 1963, p.3

[lvii] Ibid. p.4

[lviii] Ibid.

[lix] Ibid. p.9

[lx] Ibid. p.4

[lxi] Ibid. p.5

[lxii] Ibid. p. 5

[lxiii] Lankov, Andrei, *The Real North Korea: Life and Politics in the Failed Stalinist Utopia*, (Oxford: Oxford University Press, 2014) p.9

[lxiv] Lee, Chong-Sik, 'Politics in North Korea: Pre-Korean War Stage', *the China Quarterly*, 14, 1963, p.5

[lxv] Ibid. p13

[lxvi] Savada, Andrea Matles, ed., *North Korea: A Country Study*, (Washington: GPO for the Library of Congress, 1993) <http://countrystudies.us/north-korea/> Consultado: [13 de agosto de 2017]

[lxvii] Ibid.

[lxviii] Lee, Chong-Sik, 'Politics in North Korea: Pre-Korean War Stage', *the China Quarterly*, 14, 1963, p.8

[lxix] Savada, Andrea Matles, ed., *North Korea: A Country Study*, (Washington: GPO for the Library of Congress, 1993) <http://countrystudies.us/north-korea/> Consultado: [13 de agosto de 2017]

[lxx] Ibid. p.9

[lxxi] Ibid.

[lxxii] Ibid. p.13

[lxxiii] Shtykov, Terenti, 'Telegram from Shtykov to Vyshinsky,' September 3, 1949, *Digital Archive: International History Declassified*, Wilson Center, <http://digitalarchive.wilsoncenter.org/document/112129> Consultado: [15 de agosto de 2017]

[lxxiv] Communist Party of the Soviet Union Politburo, 'September 24, 1949 Politburo Decision to Confirm the Following Directive to the Soviet Ambassador in Korea,' *Digital Archive: International History Declassified*, Wilson Center, <http://digitalarchive.wilsoncenter.org/document/112133>, Consultado: [15 de agosto de 2017]

[lxxv] Shtykov, Terenti, "Meeting between Stalin and Kim Il Sung," March 5, 1949, *Digital Archive: International History Declassified*, Wilson Center, <http://digitalarchive.wilsoncenter.org/document/112127>, Consultado: [15 de agosto de 2017]

[lxxvi] Millett, Allan R., *The War for Korea,1945-1950: A House Burning*, (Lawrence: University Press of Kansas, 2005), p.193

[lxxvii] Terenti Shtykov, "Meeting between Stalin and Kim Il Sung," March 5, 1949, *Digital Archive: International History Declassified*, Wilson Center, <http://digitalarchive.wilsoncenter.org/document/112127>, Consultado: [15 de agosto de 2017]

[lxxviii] Millett, Allan R. , *The War for Korea,1945-1950: A House Burning*, (Lawrence: University Press of Kansas, 2005), p.194

[lxxix] Kovalev, Ivan, 'Soviet Report on the Results of Chinese-Korean Talks on Military Cooperation,' May 18, 1949, *Digital Archive: International History Declassified*, Wilson Center <http://digitalarchive.wilsoncenter.org/document/114898> , Consultado: [15 de agosto de 2017]

[lxxx] Thornton, Richard C., *Odd Man Out: Truman, Stalin, Mao and the Origins of the Korean War*, (Washington, DC: Brassey's, 2001), p.2

[lxxxi] Shtykov, Terenti, 'Telegram Shtykov to Vyshinsky on a Luncheon at the Ministry of Foreign Affairs of the DPRK,' January 19, 1950, *Digital Archive: International History Declassified*, Wilson Center, <http://digitalarchive.wilsoncenter.org/document/112135> , Consultado: [15 de agosto de 2017]

[lxxxii] Joseph Stalin, 'Telegram from Stalin to Shtykov,' January 30, 1950, *Digital Archive: International History Declassified*, Wilson Center, <http://digitalarchive.wilsoncenter.org/document/112136> , Consultado: [15 de agosto de 2017]

[lxxxiii] Thornton, Richard C., *Odd Man Out: Truman, Stalin, Mao and the Origins of the Korean War*, (Washington, DC: Brassey's, 2001), p.101

[lxxxiv] Ibid. p.102

[lxxxv] Ibid. p.103

[lxxxvi] Stueck, William, *Rethinking the Korean War: A New Diplomatic and Strategic History* (Princeton, NJ: Princeton University Press, 2002), p.73

[lxxxvii] Thornton, Richard C., *Odd Man Out: Truman, Stalin, Mao and the Origins of the Korean War*, (Washington, DC: Brassey's, 2001), p.2

[lxxxviii] Vyshinsky, Andrey, "Cable from Vyshinsky to Mao Zedong, Relaying Stalin's Stance on Permission for North Korea to attack South Korea."

[lxxxix] Stueck, William, *Rethinking the Korean War: A New Diplomatic and Strategic History* (Princeton, NJ: Princeton University Press, 2002), p.75

[xc] Gunther, John, *The Riddle of MacArthur*, (New York: Harper and Row: 1951), p.172

[xci] Gupta, Karunakar, 'How Did the Korean War Begin?', *China Quarterly*, 52, 1972, pp. 699-716, p.702

[xcii] Ibid.

[xciii] Stone, J.F., *The Hidden History of the Korean War*, (London: Turnstile Press: 1952), pp.46-7

[xciv] Gupta, Karunakar, 'How Did the Korean War Begin?', *China Quarterly*, 52, 1972, pp. 699-716, p.703

[xcv] Ibid. p.704

[xcvi] Ibid.

[xcvii] Ibid. 705

[xcviii] Ibid. pp.705-7

[xcix] Ibid. p.709

[c] Ibis. p.714

[ci] Allen, Richard C. , *Korea's Syngman Rhee* (Tokyo: Charles E. Cuttle Co., 1960), p. 117

[cii] Pritt, D. N., *New Light on Korea*, (London: Trinity Trust: 1951) pp.12-13

[ciii] Gupta, Karunakar, 'How Did the Korean War Begin?', *China Quarterly*, 52, 1972, pp. 699-716, p.703

[civ] Acheson to Johnson, 28 June 1950, FRUS, 1950, vol. 7: 217; Lindsay Memoran dum, 28 June 1950, RG 218, CCS 383.21 Korea (3-19-45), Section 21, NA; *Truman, Years of Trial and Hope*, pp 340-41.

[cv] 'Drumright to Acheson, 29 June 1950, FRUS, 1950, vol. 7: 220; Schnabel, *Policy and Direction*, p.74.

[cvi] Appleman, Roy E., *South to the Naktong, North to the Yalu (June-November 1950)*, (Washington, D.C.: Government Printing Office: 1961), pp.44-5

[cvii] Matray, James, 'America's Reluctant Crusade: Truman's Commitment of Combat Troops in the Korean War', *The Historian*, 42, 3, 1980, p.450

[cviii] Ibid. p.451

[cix] Ibid.

[cx] Park, Hong-Kyu, 'American Involvement in the Korean War', *The History Teacher*, 16, 2, 1983, pp.249-243, p.253

[cxi] Trussel, C.P., "Red Underground' in Federal Posts Alleged By Editor: In New Deal Era-Ex-Communist Names Algar Hiss, Then in State Department-Wallace Aides on List-Chambers Also Includes Former Treasury Official, White-Tells of Fears for His Life', *New York Times*, Aug 3, 1948

[cxii] Cummins Bruce, *The Korean War: A History*, (New York: Random House: 2010), pp.14-15

[cxiii] Ibid. p.15

[cxiv] Ibid. p.18

[cxv] Ibid.

[cxvi] Ibid. p.16

[cxvii] Ibid. pp.16-17

[cxviii] Ibid. p.18

[cxix] Ibid.

[cxx] Ibid.

[cxxi] Ibid. p.21

[cxxii] Stockwin, Harvey, 'MacArthur's Audacious Landing at Inchon Astounded Everyone- Except Mao', *The Japan Times*, 2000, <https://www.japantimes.co.jp/opinion/2000/09/21/commentary/world-commentary/macarthurs-audacious-landing-at-inchon-astounded-everyone-except-mao/#.WaB7kiiGPIV> , Consultado: [24 de agosto de 2017]

[cxxiii] Ibid.

[cxxiv] Ibid.

[cxxv] Ibid.

[cxxvi] Stockwin, Harvey, 'MacArthur's Audacious Landing at Inchon Astounded Everyone- Except Mao', *The Japan Times*, 2000, <https://www.japantimes.co.jp/opinion/2000/09/21/commentary/world-commentary/macarthurs-audacious-landing-at-inchon-astounded-everyone-except-mao/#.WaB7kiiGPIV> , Consultado: [24 de agosto de 2017]

[cxxvii] Cummins Bruce, *The Korean War: A History*, (New York: Random House: 2010), p.19

[cxxviii] Ibid.

[cxxix] Stockwin, Harvey, 'MacArthur's Audacious Landing at Inchon Astounded Everyone- Except Mao', *The Japan Times*, 2000, <https://www.japantimes.co.jp/opinion/2000/09/21/commentary/world-commentary/macarthurs-audacious-landing-at-inchon-astounded-everyone-except-mao/#.WaB7kiiGPIV> Consultado: [24 de agosto de 2017]

cxxx Cummins Bruce, *The Korean War: A History*, (New York: Random House: 2010), p.19

cxxxi National Security Council Report, NSC 81/1, "United States Courses of Action with Respect to Korea"," September 09, 1950, History and Public Policy Program Digital Archive, Truman Presidential Museum and Library <http://digitalarchive.wilsoncenter.org/document/116194>, Consultado: [24 de agosto de 2017]

cxxxii Ibid.

cxxxiii Cummins Bruce, *The Korean War: A History*, (New York: Random House: 2010), p.22

cxxxiv Ibid. p.19

cxxxv Ibid. p.20

cxxxvi Ibid. p.23

cxxxvii Zhou, Bangning, 'Explaining China's Intervention in the Korean War in 1950', *Interstate- Journal of International Affairs*, 2015, 1

cxxxviii Cummins Bruce, *The Korean War: A History*, (New York: Random House: 2010), p.24

cxxxix Ibid.

cxl Ibid.

cxli Ibid.

cxlii Zhou, Bangning, 'Explaining China's Intervention in the Korean War in 1950', *Interstate- Journal of International Affairs*, 2015, 1

cxliii Cummins Bruce, *The Korean War: A History*, (New York: Random House: 2010), p.25

cxliv Ibid. pp.26-27

cxlv Ibid. p.28

[cxlvi] Ibid. p.25

[cxlvii] Garver, John W., 'Reviewed Works: China's Road to the Korean War: The Making of the Sino-American Confrontation' By Chen Jian, *The China Quarterly*, 1995, 144, p.1200

[cxlviii] Ibid.

[cxlix] Cummins Bruce, *The Korean War: A History*, (New York: Random House: 2010), p.28

[cl] Ibid. pp.27-28

[cli] Ibid. 29

[clii] Ibid.

[cliii] Brands, H.W., 'The Redacted Testimony that Fully Explains Why General MacArthur was Fired', *Smithsonian*, 2016, <http://www.smithsonianmag.com/history/redacted-testimony-fully-explains-why-general-macarthur-was-fired-180960622/> , Consultado: [28 de agosto de 2017]

[cliv] Ibid.

[clv] Ibid.

[clvi] Ibid.

[clvii] Ibid.

[clviii] Ibid.

[clix] Ibid.

[clx] Hallion, Richard P., Cliff, Roger and Saunders, Phillip C., eds, *The Chinese Air Force: Evolving Concepts, Roles, and Capabilities*, (Washington D.C: National Defense University Press: 2012), p.73

[clxi] Brands, H.W., 'The Redacted Testimony that Fully Explains Why General MacArthur was Fired', *Smithsonian*, 2016,

<http://www.smithsonianmag.com/history/redacted-testimony-fully-explains-why-general-macarthur-was-fired-180960622/> , Consultado: [28 de agosto de 2017]

[clxii] Ibid.

[clxiii] Ibid.

[clxiv] Cummins Bruce, *The Korean War: A History*, (New York: Random House: 2010), p.156

[clxv] Ibid. p.157

[clxvi] Ibid. p.31

[clxvii] Ibid.

[clxviii] Ibid.

[clxix] Firedman, Edward, 'Nuclear Blackmail and the End of the Korean War'. *Modern China*, 1, 1, (1975), p.78

[clxx] Ibid. p.79

[clxxi] Foot, Rosemary J., 'Nuclear Coercion and the Ending of the Korean Conflict', *International Security*, 13, 3, (1989), p.96

[clxxii] Firedman, Edward, 'Nuclear Blackmail and the End of the Korean War'. *Modern China*, 1, 1, (1975), p.78

[clxxiii] Foot, Rosemary J., 'Nuclear Coercion and the Ending of the Korean Conflict', *International Security*, 13, 3, (1989), p.96

[clxxiv] Cummins Bruce, *The Korean War: A History*, (New York: Random House: 2010), p.33

[clxxv] Foot, Rosemary J., 'Nuclear Coercion and the Ending of the Korean Conflict', *International Security*, 13, 3, (1989), p.92

clxxvi Ibid. p.100

clxxvii Firedman, Edward, 'Nuclear Blackmail and the End of the Korean War'. *Modern China*, 1, 1, (1975), p.79

clxxviii Foot, Rosemary J., 'Nuclear Coercion and the Ending of the Korean Conflict', *International Security*, 13, 3, (1989), p.96

clxxix Cummins Bruce, *The Korean War: A History*, (New York: Random House: 2010), p.31

clxxx Firedman, Edward, 'Nuclear Blackmail and the End of the Korean War'. *Modern China*, 1, 1, (1975), p.82

clxxxi Ibid. p.83

clxxxii Ibid.

clxxxiii Firedman, Edward, 'Nuclear Blackmail and the End of the Korean War'. *Modern China*, 1, 1, (1975), p.84

clxxxiv Ibid. p.88

clxxxv Cummins Bruce, *The Korean War: A History*, (New York: Random House: 2010), p.31

clxxxvi Ibid.

clxxxvii Ibid. p.34

clxxxviii Millet, Alan R., 'Introduction to the Korean War', *The Journal of Military History*, 65, 4, (2001), p.923

clxxxix Cummins Bruce, *The Korean War: A History*, (New York: Random House: 2010), p.31

cxc Millet, Alan R., 'Introduction to the Korean War', *The Journal of Military History*, 65, 4, (2001), p.923

[cxci] Pierpaoli Jr, Paul G., 'Beyond Collective Amnesia: A Korean War Retrospective', *International Social Science Review*, 76, 3-4, (2001), p.94

[cxcii] Ibid. p.95

[cxciii] Ibid. p.96

[cxciv] Ibid.

[cxcv] Ibid.

[cxcvi] Ibid. p.97

[cxcvii] Ibid.

[cxcviii] Ibid. p.99

[cxcix] Cummins Bruce, *The Korean War: A History*, (New York: Random House: 2010), p.231

[cc] Firedman, Edward, 'Nuclear Blackmail and the End of the Korean War'. *Modern China*, 1, 1, (1975), pp.76-77

[cci] Cummins Bruce, *The Korean War: A History*, (New York: Random House: 2010), p.35

[ccii] Millet, Alan R., 'Introduction to the Korean War', *The Journal of Military History*, 65, 4, (2001), p.924

[cciii] Yoon, Young-Kwan, 'South Korea in 1999: Overcoming Cold War Legacies', *Asian Survey*, 40,1, (2000), p.164

[cciv] Millet, Alan R., 'Introduction to the Korean War', *The Journal of Military History*, 65, 4, (2001), p.932

www.ingramcontent.com/pod-product-compliance
Lightning Source LLC
LaVergne TN
LVHW040108080526
838202LV00045B/3826